Alianza Cien
pone al alcance de todos
las mejores obras de la literatura
y el pensamiento universales
en condiciones óptimas de calidad y precio
e incita al lector
al conocimiento más completo de un autor,
invitándole a aprovechar
los escasos momentos de ocio
creados por las nuevas formas de vida.

Alianza Cien
es un reto y una ambiciosa iniciativa cultural

W0296624

TEXTOS COMPLETOS

IMPRESO EN PAPEL ECOLÓGICO
(EXENTO DE CLORO)

RAFAEL PÉREZ SIERRA

Mozart

Alianza Editorial

Diseño de cubierta: Ángel Uriarte

© Rafael Pérez Sierra
© Alianza Editorial, S. A., Madrid, 1995
Calle J. I. Luca de Tena, 14; 28027 Madrid; teléf. 393 88 88
ISBN: 84-206-4683-0
Depósito legal: B. 35958-1995
Impreso en Novoprint, S. A.
Printed in Spain

La fábula de Amadeus

La obra genial despierta siempre la apetencia de evocar la figura de su creador. Nos gustaría descubrir todos los secretos de la obra, los pensamientos y las ideas que acompañaron a su creación, pero también, y quizás con más fuerza, querríamos descubrir a su autor en los momentos más insignificantes de su vida.

Mozart, que empezó a viajar a los seis años acompañado de toda su familia, que continuó luego sólo con su padre o con su madre, hasta quedar en Viena alejado de los suyos, nos ha dejado la mayor colección de cartas que nunca haya producido ningún otro artista. En esas cartas, y en las de su padre, hay abundantes noticias sobre todo eso que nos permiten seguir el rastro de una existencia y comprender una personalidad que, enfrentada a una obra, no siempre se ha interpretado con la debida mesura.

Los primeros biógrafos colocaban la música de Mozart fuera de este mundo, en una esfera angélica, y a la persona también. Para hacer eso tenían que apartar la vista de muchas de las cosas que aparecen en esas cartas, simplemente porque son humanas, o destruir las cartas, cosa que llegaron a hacer sin ningún escrúpulo, precisamente en nombre de sus propios escrúpulos. Se trataba de una visión romántica que desfiguraba el carácter de la obra y el de su creador; la música de Mozart no es precisamente impasible, si es eso lo que se quiere decir cuando se alude a los espíritus puros, y menos el hombre que fue capaz de imaginarla. Ahora podemos leer esas cartas sin padecer escándalo, porque ya hemos perdido el respeto a la imagen del genio que fabricó el Romanticismo.

Según su hermana, Mozart era pequeño, flaco, de tez pálida y sin ningún rasgo especial en su fisonomía. Los retratos que conservamos no son de gran ayuda, algunas veces tenemos la sensación de que se refieren a personas diferentes, muchos son estampas de época, y todos ellos de bastante mala mano.

Tendremos que fiarnos del juicio de la mujer que compartió su vida, que encontraba mayor parecido en el que le hizo Lange; Mozart, sin peluca, con su propio pelo castaño claro, aparece tocando el piano ensimismado. Por supuesto, ésa era su actitud siempre que hacía música; su padre y muchas otras personas lo recuerdan, desde muy niño, muy serio, incluso solemne, cuando se sentaba al piano o estaba ocupado en hacer música de cualquier otra manera. Sabemos, además, que en los últimos años de su vida, Mozart parecía abstraído, ensimismado, con mucha frecuencia, incluso en las situaciones más corrientes. Recordemos que para Stendhal, la característica fundamental del temperamento de Mozart es la melancolía.

Y, sin embargo, es su sentido del humor, una incontenible tendencia a la comicidad algo indigesta, su afición al chiste y al despropósito, sus infantiles caídas en lo escatológico, lo que con más frecuencia se nos ha puesto delante para anular todo lo demás; a pesar de que estas salidas de tono quizás no fueran más que una máscara para ocultar lo más profundo de su mente, su mundo de creación, ese mundo que cuando se imponía en los momentos más cotidianos de la vida, le hacían perderse del todo mientras tamborileaba con los dedos sobre una mesa, en su sombrero, en la cintura sobre la cadena de su reloj.

Todo eso cabe en la figura de Mozart y debe mostrarse sin quitar ni poner, sin idealizar tampoco, sin dar por supuestas las cualidades que deban acompañar necesariamente a la capacidad creadora ni las virtudes que deban adornarla. Quedarse tan sólo con el hombre de apariencia insignificante y de humor festivo, de alguien que no estuvo a la altura de su obra, que ni siquiera fue consciente de la grandeza de lo que hacía, es una reducción tan deformante como la de los románticos, y el tópico que hoy tenemos que combatir. Está tan fuera de duda que Mozart no adoptó una actitud vital trascendente, eso vendría después, como que ante la música nunca se permitió trivialidad alguna. Desde niño, para dar a conocer alguna obra de su invención, y aún para lucir sus facultades de intérprete, miraba mucho que entre sus oyentes hubiese personas verdaderamente entendidas; sabemos que no siempre fue indulgente con la obra de los demás, ni paciente, ni humilde con los pareceres sobre la suya propia.

Pero una cosa es la historia y otra muy distinta las fabulaciones sobre la historia. La literatura de todos los tiempos ha sentido la atracción de enfrentar la vida y la obra de los grandes, porque inevitablemente solemos colocar la obra en un plano ideal y cualquier rastro de vida, de realidad, quebranta ese idealismo. En las fabulaciones no se persigue la objetividad, sino los contrastes que producen dramatismo. Ya Pushkin se sintió atraído por la muerte de Mozart; el hecho de que el creador de un arte luminoso tuviera una muerte cargada de tintes sombríos, ciertos o inventados, era un material dramático de gran valor.

La última fábula sobre Mozart, una obra de teatro adaptada al cine, es la fábula de *Amadeus*. En ella aparece Mozart, la música de Mozart, y otro músico, escasamente capacitado para la composición, pero dotado de una conciencia enfermiza sobre el valor de la obra de arte. Se trata de una paradoja: la música de Mozart es el gozoso e inexplicable milagro de la creación artística, su autor un ser indigno por completo, inmoral y chocarrero, que ni siquiera es capaz de tomarse en serio aquello que le viene llovido del cielo, y el que descubre y juzga tal desproporción, la descomunal paradoja, es Salieri, el músico mejor colocado y más influyente de la corte. Todo lo que se nos cuenta guarda cierta analogía con la verdad histórica, pero no es la verdad histórica ni pretende serlo, así que no viene a cuento quejarse de ese Mozart que el autor ha colocado ante un espejo deformante, tampoco del agigantamiento de su enemigo, que no tuvo en realidad ni el mérito de la clarividencia ni el demérito de la envidia, al menos en esa medida; lo aceptamos porque comprendemos el sentido de la fábula, y sobre todo porque la música es la gran protagonista.

Los niños prodigio

A las ocho de la tarde del 27 de enero de 1756, en la ciudad de Salzburgo, nace Mozart. Al día siguiente es bautizado con los nombres Johannes Chrysostomus Wolfgangus Theophilus, este último sinónimo de Amadeus. Su padre, Leopoldo, había nacido en Augsburgo en el seno de una familia de artesanos encuadernadores, y a los diez años ya se encuentra en Salzburgo estudiando en el colegio de

San Salvador de los jesuitas. Estuvo tentado de seguir la carrera eclesiástica, se jactaba de tener conocimientos de filosofía y jurisprudencia y, sin duda, debió adquirir una formación humanística sólida con una amplia especialización en la música que, si bien no le permitió descollar como compositor, le valió para tener siempre un puesto de músico al servicio de la corte del príncipe arzobispo de Salzburgo, y para escribir un importante método para la enseñanza del violín, que publicó el mismo año del nacimiento de su hijo y que se siguió usando en el siglo XIX. A la edad de 28 años contrae matrimonio con Ana María Pertl, perteneciente a una familia burguesa de la ciudad, y de su matrimonio vienen al mundo siete hijos de los que sólo sobrevivieron «Nannerl», y Wolfgang.

Leopoldo Mozart nos deja ver en sus escritos su buen sentido, una voluntad firme y una ambición proporcionada a la calidad de siervo a la que estaba sometido un músico en la época. De la madre sabemos de su buen carácter y abnegación en los momentos difíciles, y no mucho más, puesto que sólo nos habla brevemente desde las posdatas de las cartas.

Tanto «Nannerl», cuatro años mayor que su hermano, como Wolfgang, estuvieron dotados de facultades prodigiosas para la música, que el padre no estaba dispuesto a que quedaran ocultas. Los dos niños tocaban el piano extraordinariamente, así es que cuando Mozart tan sólo tenía seis años comenzó ya su vida viajera. La familia completa parte hacia Viena en un carruaje en el que llevan un pequeño piano. Este primer viaje culmina con dos conciertos ante la familia imperial en el palacio de Schönbrunn. Es la presentación en la ciudad donde el músico desarrollará más tarde la mayor parte de su vida y su obra, y donde finalmente morirá.

Tras un corto periodo de descanso de cinco meses en Salzburgo, los Mozart plantean un segundo viaje más ambicioso a París y Londres. Con una primera etapa en Múnich, donde tocan para Maximiliano III de Baviera, continúan viaje a Augsburgo; allí dan tres conciertos con «poco o ningún provecho» porque, como dice el cabeza de familia renegando de su patria chica, «todos los que fueron al concierto eran luteranos». En la residencia veraniega del príncipe elector del Palatinado, Mozart escucha por primera vez a la célebre orquesta de Mannheim, lo que sin duda constituía una de las experiencia musicales de la época. A mediados de agosto llegan a Frankfurt, donde van a dar cinco conciertos de auténtica exhibición circense, tocando diversos instrumentos y acertando las notas de campanas, relojes y copas...Allí, Goethe, ocho años mayor, conoció a Mozart, «un hombrecito con peluca rizada y espada». Después de algunas etapas más, como Colonia, donde tocan en su ya «sucia catedral», y Bruselas, llegan a París el 19 de noviembre.

En París fueron invitados de la corte real la noche de Año Nuevo de 1764. El resumen que hace Leopoldo de los cinco meses de estancia en la capital francesa es bastante bueno: «Hasta el momento en que Wolfgang contrajo en febrero una leve enfermedad catarral, todo salió a pedir de boca». Y sin embargo, a Leopoldo, como luego a Wolfgang cuando vuelva con su madre, todo le parece mal en París, desde las calles llenas de mendigos, hasta la artificiosidad de las mujeres, pintadas como marionetas, y sobre todo la música: «Toda la música francesa no vale un comino».

En el mes de abril se trasladan a Londres donde darán dos conciertos públicos y otros dos en la corte de Jorge III. Mozart conoce en Londres la música de Abel y la de Johann Christian Bach, el menor de la dinastía, con quien, a pesar de la diferencia de edad, traba una amistad grande. Bach da a conocer a Mozart la ópera italiana e influye en su formación pianística y sinfónica.

El viaje de regreso, con escalas en La Haya, París y Múnich, entre otras, está plagado de contratiempos; todos los miembros de la familia, a excepción de la madre, van cayendo enfermos. El pequeño Wolfgang ya había enfermado en el primer viaje a Viena, y en París como vimos.

En Salzburgo van a tener diez meses para hablar de sus triunfos y para saborear la rutina de la vida de su ciudad. Leopoldo declara: «Mis hijos están acostumbrados al trabajo, si cayeran en el ocio, todo mi edificio se vendría abajo». Efectivamente, las cuentas salen bien; con las ganancias en efectivo y lo que se saca de la venta de los regalos se puede decir que ha merecido la pena. Además, eso no es todo, para el temperamento inquieto de Wolfgang, el cambio de ambientes ha sido sin duda estimulante y con sólo diez años trae en su equipaje un sinfín de partituras que ha compuesto; minuetos para piano, sonatas para violín y piano, tres sinfonías; porque ya es todo un compositor.

No sabemos que en este tiempo, ni Wolfgang ni su hermana fueran a la escuela. Lo más seguro es que su padre se ocupara de su educación, al fin y al cabo Rousseau por aquellas fechas se aparta de la conveniencia de la educación colectiva, y defiende al padre y al preceptor como las personas aptas para que el niño desarrolle su naturaleza y su personalidad. Esto nos puede hacer pensar en una infancia sin amigos y sin juegos, cosa poco probable si tenemos en cuenta las obligaciones de Leopoldo como músico de la corte, el temperamento de Wolfgang y el hecho de que los hermanos podían jugar juntos y ganar amigos entre sus convecinos. Quizás por eso Wolfgang escribe a su compañera de juegos desde Bolonia: «Hoy he tenido ganas de montar en burro, porque en Italia es costumbre».

Pasado este periodo, la familia entera emprende un nuevo viaje a Viena. En la ciudad hay una epidemia de viruela y los Mozart se refugian en Olmütz donde a pesar de las precauciones, la enfermedad alcanza a los dos jóvenes, llegando Wolfgang incluso a perder la vista durante unos días. Cuando vuelven, las cosas no van a ir mucho mejor, porque la emperatriz María Teresa ha enviudado, y el luto de la corte paraliza casi por completo la vida musical. Con todo, Mozart recibe el encargo de componer una ópera, *La finta semplice,* sobre un libreto que no puede estimular a hacer nada nuevo. La música sigue el modelo italiano del que vio numerosos ejemplos en aquellos días, y particularmente el de Piccini, y consigue elevarse en muchos momentos muy por encima de su libreto.

El estreno de *La finta semplice* tendría lugar más tarde, de vuelta en Salzburgo, en el palacio arzobispal y con muy escasos medios.

Sin embargo, Mozart no se irá de Viena con las manos vacías, porque el célebre médico Anton Mesmer, que hizo universal su apellido con sus experimentos sobre magnetismo, le encargó una ópera para que pudiera ser representada en el jardín de su casa. Con un libreto basado en una fábula de Rousseau, y recordando los modelos franceses, surge *Bastien und Bastienne.* La música cuenta la historia de los pastores que dan nombre a la ópera, de un solo trazo, como deben contarse las pequeñas historias, y aun nos divierte con el mago Colas que «mesmeriza» a sus anchas en honor del anfitrión.

Tres viajes a Italia

Seguramente esta última salida a Viena dio mucho que pensar a Leopoldo; no era posible someter a la familia a esa vida por más tiempo, Wolfgang y

Nannerl eran dos magníficos ejecutantes pero ya no eran dos niños prodigio; Wolfgang, en cambio, había compuesto dos óperas, así es que Nannerl se quedaría con su madre, y él acompañaría a Wolfgang a Italia donde además de completar su formación, siempre tendría más oportunidades de componer para el teatro, y donde, si lo quería la buena suerte, podía incluso encontrar alguna colocación fija.

A mediados de diciembre de 1769, salen hacia Italia. En Milán, primera etapa importante, cuentan con el apoyo del gobernador de la Lombardía, dominada por Austria, y reciben el encargo de escribir una ópera para los carnavales del año siguiente, por unos honorarios de mil marcos de oro. De paso por Lodi, «una noche en una posada», concluye Mozart su primer cuarteto de cuerda, y en Bolonia tienen un primer encuentro con el padre Martini que tanto iba a influir en la formación del joven músico.

En Roma, antes de pasar a Nápoles, Mozart escucha el *Miserere* de Allegri en la Capilla Sixtina. La partitura sólo se podía ejecutar allí y estaba prohibido copiarla o reproducirla bajo pena de excomunión; Mozart fue capaz de transcribirla de memoria en una sola audición, hecho realmente prodigioso y que nos ayuda a interpretar sin fantasías el procedimiento que seguía para componer. Se ha dicho que era capaz de escribir música en medio del bullicio, jugando una partida de bolos, pero sería más exacto decir que en tales circunstancias lo que hacía era transcribir lo que ya estaba perfectamente pensado y ordenado en la cabeza. El papa Clemente XIV le concedió la orden de la Espuela de Oro.

De vuelta en Bolonia residen en la quinta del conde Pallavicini-Centurioni donde, según nos cuentan, todo era de plata y donde las sábanas eran más finas que las camisas de los nobles. Allí le llega a Mozart el libreto de *Mitridate, re di Ponto,* el encargo de Milán, y ve casi a diario al padre Martini, con el que estudia el antiguo *stilo osservato*. En Bolonia recibe una distinción de rango diferente de la que le concedió el papa; es nombrado *compositore* de la Academia Filarmónica, a pesar de no tener veinte años, edad mínima exigida por los estatutos.

El 26 de diciembre de 1770 se estrena en Milán el *Mitridate* dirigido por él mismo. La ópera obtiene éxito y alcanza veinte representaciones. Se ha dicho que si Leopoldo hubiera sabido aconsejar a su hijo, no le habría dejado malgastar su música en un libreto tan malo como *La finta semplice,* ni acometer la composición del *Mitridate,* ópera basada en una tragedia de Racine y uno de los mejores libretos que jamás pasara por sus manos. El caso es que si lo que se quiere decir con esto es que el tema de la ópera le podía venir grande a un joven de quince años, siempre resulta, y no sólo en este caso, que, donde precisamente sobresale el genio de Mozart es en aquellos pasajes donde se expresan emociones, las emociones de personajes de gran talla, es decir, allí donde precisamente se quedan cortos, en lo puramente formal, la mayoría de sus contemporáneos adultos.

Después de un periodo de descanso en Salzburgo, padre e hijo salen para Italia por segunda vez. Ahora el viaje tiene un destino único; Milán, y una sola pretensión: conseguir un puesto fijo para Wolfgang en la corte del archiduque Fernando, cosa a la que se opone la madre de éste, la emperatriz María Teresa. A cambio de eso recibe el encargo de componer una comedia pastoral, *Ascanio in Alba*.

Cuando regresan a casa se produce la muerte del arzobispo reinante y es elegido como sucesor Hieronymus Colloredo, un ilustrado, italianizante en música, que, como luego veremos, no va a ser tan indulgente a la hora de conceder permisos a los músicos a su servicio. Para su entrada en la corte compone Mozart *Il sogno di Scipione*.

Aún podrá, sin embargo, Leopoldo acompañar a su hijo en el tercer y último viaje a Italia. También esta vez el destino era Milán, donde Mozart estrenó su ópera *Lucio Silla,* y desde donde intentaron de nuevo conseguir un puesto de músico en la corte del duque de Toscana.

Lucio Silla se representa el segundo día de las fiestas de Navidad de 1772. En esta obra, según Alfred Einstein, Mozart más que someterse a las exigencias dramáticas, escribe una música demasiado rica y hermosa, música instrumental en la que las arias son movimientos sinfónicos, de tal manera que de la ópera se podían haber sacado una docena de sinfonías.

En Italia había conseguido muchas cosas, lo más importante sin duda, toda la música que pudo hacer para la escena, que le coloca a las puertas de la madurez en un género en el que consiguió las más altas cimas de su música. Compuso además numerosas sinfonías según el modelo italiano, que Mozart recibe de un músico alemán; Johann Christian Bach. También consiguió honores y reconocimiento, todo menos ese deseado puesto fijo de músico en una corte que ofreciera algo más que lo que tenía en su ciudad natal, donde era Konzertmeister con un sueldo tan miserable que podía considerarse como un añadido o complemento al de su padre. Tan sólo unos meses más tarde de llegar a Salzburgo, y aprovechando la ausencia del arzobispo, padre e hijo hacen una escapada a Viena; allí harán una nueva petición y quedarán de nuevo defraudados: «La emperatriz estuvo muy amable con nosotros, pero eso fue todo».

Salzburgo

Al volver de Viena, resignados o no, deciden permanecer en su hogar y en sus puestos de trabajo y, sin duda, es una buena decisión, a juzgar por las obras de este periodo. Mozart compone dos sinfonías que ya no tienen nada que ver con las anteriores y que pertenecen plenamente por su dimensión y carácter al mundo sinfónico de nuestro tiempo. La sinfonía n.º 25 (K 183) en Sol menor, de tintes patéticos, en la misma tonalidad de la sinfonía n.º 40, y la n.º 29, que, a pesar de las preferencias que puedan sentirse por la primera, es más perfecta aún si cabe.

A finales de 1774 se abre un corto paréntesis, porque el elector de Baviera Maximiliano III encarga a Mozart la composición de una ópera bufa, *La finta giardiniera,* para cuyo estreno deberá desplazarse a Múnich. Esta segunda «fingida», bastante superior a la primera, está llena de situaciones y sentimientos musicales magníficos puestos en contraste, es decir, de verdadera música dramática.

En los dos años que siguen no hay más que música, y ninguna peripecia vital; no es que no ocurra nada, es que no sabemos nada, porque estando toda la familia reunida se interrumpe la actividad epistolar. Tenemos sobre todo un conjunto de obras hechas para cumplir una función social más o menos pública, más o menos íntima; música para los fastos de la vida académica de Salzburgo, para celebraciones familiares. Son las casaciones, las serenatas y los divertimentos, las primeras de un periodo anterior, escritos ajustándose al carácter de cada situación e incluso de cada lugar, salón, jardín o patio, proporcionando el mundo sonoro a esos ámbitos.

Las serenatas para orquesta se relacionan con la sinfonía y con el concierto de violín; son en realidad sinfonías que incorporan tres tiempos con violín solista. El divertimento, en cambio, es música de cámara, un cuarteto de cuerda reforzado con instrumentos de viento, el auténtico antecedente del cuarteto, haciendo desaparecer uno o los dos minuetos y los instrumentos de viento.

Lo que iguala a todas estas obras es su grado de perfección, su altura, que se eleva muy por encima de lo que cualquiera hubiese podido imaginar para las circunstancias que dieron lugar a su creación. Mozart transfigura el mundo que le rodea con esta música, lo inunda de luz. Con tan sólo algún fragmento de estas partituras a muchos aficionados se les reveló la música, por eso no nos atreveríamos a hacer ningún reproche a quien se colmara con ellas y no necesitara seguir adelante. Destacamos la serenata K 203, la serenata «Haffner» (K 250) y la que lleva el sobrenombre de «Postillón» (K 320). Todas están en Re mayor y tienen un gran empaque sinfónico dentro de su carácter festivo.

De esta época son también los conciertos de violín, emparentados como hemos dicho con las serenatas, y los primeros conciertos para piano, de los que sobresale el n.º 9 en Mi bemol mayor (K 271) que alcanza en madurez e inspiración a los que hará en Viena.

En *Il Re Pastore,* «Serenata en dos actos» que le encarga el arzobispo Colloredo para celebrar la visita a su corte del hijo menor de la emperatriz María Teresa, consigue, una vez más en contra de un libreto, iluminar la escena con arias como «L'ameró, saró costante» y una brillante y original orquestación.

La hora de las despedidas

Pero todo esto duraba ya demasiado tiempo, y en junio de 1777 Leopoldo solicita al arzobispo un permiso de varios meses para ausentarse con su hijo. Colloredo se lo niega rotundamente para luego concederlo a Wolfgang que, al fin y al cabo, «sólo a medias estaba a su servicio». Cuando éste tenía ya el pie en el estribo, aún hubo algunas objeciones que decidieron a Mozart a pedir «humildemente» su dimisión. Para justificarla, y teniendo muy presente la condición de la persona a quien se dirigía, escribió: «Cuantos más talentos ha recibido de Dios una criatura, tanto mayor es su deber de hacerlos fructificar para mejorar su propia situación y la de sus padres, ayudar a éstos y procurar su propio bien, asegurando también su porvenir. Así nos lo enseña el evangelio». Parece lógico que el prelado no se dejase sermonear y que contestase con cajas destempladas: «Que el padre y el hijo tengan, de acuerdo con el evangelio, permiso para ir a buscar fortuna en otra parte».

Finalmente Leopoldo fue restituido en su puesto

y Wolfgang se dispuso a emprender el viaje en compañía de su madre. La escena de los adioses está cargada de presentimientos; el padre quiso estar tan entero que omitió todo lo que sin duda le hubiera emocionado, para intentar enmendarlo cuando ya era tarde; «corrí a la ventana y os bendije a los dos, pero ya habíais pasado la puerta de la ciudad». Esto ocurría por la mañana, y todas las horas del día cambiaron de sentido, Nannerl lloró y tuvo que acostarse con dolor de cabeza, Leopoldo también se volvió a la cama; se despertaron a mediodía y por la noche ya tenían apetito y hasta jugaron una partida de «piquet». Los viajeros también debieron sentirse tristes pero había que estar pendiente de muchas cosas y Wolfgang tiene que hacer bien su papel; «yo me ocupo de todo; he querido pagar a los postillones porque sé mejor que mamá cómo hay que tratar a esa gente».

La realidad, sin embargo, es que sólo se ocupa de las cosas pequeñas, al menos de momento, porque las instrucciones vienen de Salzburgo. Leopoldo ha decidido a quién hay que dirigirse, cómo tiene que tratar a cada persona y los pasos que hay que dar para conseguir una entrevista con el elector en Múnich. La entrevista desde luego se consiguió, pero no el puesto: «¡Dios mío, pero qué joven sois aún!» Se le ocurre entonces que si su madre volviera a Salzburgo, a él solo le sería fácil mantenerse, ya que un grupo de amigos se había comprometido a reunir una cantidad para su mantenimiento a cambio de la composición de cuatro óperas al año, con lo cual contribuiría al «florecimiento de la ópera nacional alemana». A su padre todo esto le suena a fantasía, y le ordena «arriar velas».

De paso hacia Mannheim, hacen una parada en Augsburgo para que los parientes tengan la ocasión de ver a aquel niño que estuvo hace años, convertido en un gran músico. Augsburgo es ahora una ciudad provinciana para alguien que ha visto ya mucho mundo, pero al final no todo es tan malo porque allí trabaja Johann Andreas Stein, un importante constructor de pianos, inventor de la llamada «mecánica alemana», cuyos instrumentos, por los efectos que con ellos pueden conseguirse y por su sonido uniforme y prolongado, impresionan a Mozart y seguramente influyen en su obra.

El otro acontecimiento que compensa a Mozart de su paso por Augsburgo, es el encuentro con su prima Bäsle Marianne-Thekla, dos años más joven que él, con la que congenia inmediatamente «porque también ella es burlona y divertida» y abiertamente se propone agradar a su primo. Entre ellos se iniciará una correspondencia en la que Mozart da rienda suelta a su gusto por el despropósito, y en la que, como dice Stefan Zweig, que poseía la mayor parte de esas cartas, el compositor muestra una «fuerte inclinación al lenguaje obsceno». ¿Hubo algo más que esa alegre amistad entre ellos? Hay quien asegura que sí, basándose precisamente en una de esas cartas en la que Mozart declara: «Desde que salí de Augsburgo no me he quitado los pantalones más que por la noche, antes de acostarme».

Ahora para Mozart la vida corre vertiginosamente, tan sólo han estado quince días en Augsburgo y el 30 de octubre de 1777 llegan a Mannheim, una gran ciudad con una gran orquesta, la mejor del mundo por su virtuosismo y disciplina. Las dos cosas, calidad musical y disciplina, eran igualmente importantes para él: «Otro de los motivos por los que Salzburgo se me ha hecho odiosa, es la grosería y mezquindad de los músicos de la corte ¡Qué diferente sería todo si las cosas estuviesen organizadas como en Mannheim!... Aquí tienen finos modales, van bien vestidos, y no se meten en las tabernas a emborracharse». Enseguida hace una buena amistad con su director Christian Cannabich, y pretende de nuevo una colocación en la corte, aunque sólo consiga del príncipe que le encomiende la formación musical de sus hijos naturales.

A pesar de esto, no hay sinfonías ni otras composiciones importantes para orquesta en este periodo de Mannheim, más bien le vemos desenvolverse en el ámbito de la música de cámara, por extraño que parezca. Ya había compuesto seis sonatas para piano en Múnich, y ahora compone tres más. La primera de esta última serie está dedicada a Rosa Cannabich, la hija de quince años de Christian Cannabich, y en su tiempo lento hace, según él mismo declara, un retrato del carácter de la joven. Sin embargo, no nos da tiempo a pensar siquiera que pudiera haberse enamorado de ella, porque enseguida aparece otra joven, también de quince años, gran cantante y que, además, toca el piano muy aceptablemente. Se trata de la hija segunda de un pobre músico al servicio del elector, Aloysia Weber. De Aloysia sí está enamorado, y para demostrarlo concibe un plan verdaderamente heroico; componer una auténtica ópera italiana para Venecia o para Verona, y presentar a Aloysia como *primadonna,* llevando además al padre como empresario y a algún otro miembro de la familia para las labores más domésticas. La madre de Wolfgang hace un comentario lleno de comprensión y de miedo a la vez, destinado a que desde Salzburgo vengan las instrucciones más convenientes: «Ya habrás visto que cuando Wolfgang hace nuevas amistades, inmediatamente quiere dar la vida y todo lo suyo por ellas».

La carta de Leopoldo es tremenda; empieza por hacerle saber que no ha dormido en toda la noche. Lo que le cuenta le ha parecido una novela y, en general, no reconoce a su hijo en semejante proyecto, sino «en el defecto de creer todo lo que le dicen y de abrir su buen corazón a cualquiera». Le recuerda a continuación las dificultades económicas que están padeciendo para hacer posible ese viaje, que debe concluir en una ciudad importante y con un puesto seguro. Hace luego una enumeración de todos sus amoríos en el corto tiempo que lleva fuera de casa: la cantante del teatro en Múnich, la hija de su hermano en Augsburgo, la señorita Cannabich y, para acabar, la señorita Weber. «¿Crees que llegaría a ser *primadonna* en Italia? Dime si conoces a alguna *primadonna* que haya tenido éxito en la escena italiana sin haber debutado antes en un teatro alemán»... La conclusión es también rotunda: «Debes conquistar gloria y fama en París y luego, si tienes dinero, podrás ir a Italia y encontrarás la manera de escribir óperas. Tu hermana ha llorado lo suyo estos dos días. Mamá irá contigo a París para que todo vaya lo mejor posible.»

Mozart obedece sin rechistar; obedeció en Múnich y quizás reconozca que el proyecto de entonces no era ni la mitad de arriesgado que el de ahora. El reproche de sus amoríos le duele y le parece cruel; lo peor había sido meterse a redentor en una casa, olvidando las dificultades de la propia, y eso lo reconoce cuando ha pasado la tormenta: «Se me llenaron de lágrimas los ojos cuando leí en su última carta que tiene usted que andar tan mal vestido».

De esta etapa, también de espaldas a la brillantísima orquesta de Mannheim, es la serie de siete sonatas para piano y violín, muy lejanas ya del modelo de J. Christian Bach, en las que el violín adquiere por primera vez categoría concertante al mismo nivel que el piano. Todas menos dos tienen sólo dos tiempos en lugar de los tres de las sonatas de piano, con lo que podría creerse que Mozart les concede menos importancia, cosa que dejamos de pensar al escuchar la K 304 en Mi menor, obra maestra que define la altura formal conseguida en la serie y compendia la intensidad de los días vividos.

El 14 de marzo de 1778 la silla de posta de los Mozart se pone en camino hacia París; sería de desear que los planes y los cálculos de Leopoldo se cumplieran, ya que se dejan tantas cosas atrás. El 23 de marzo entran en París y se instalan en una mala posada donde, como ni siquiera hay espacio para un piano, Wolfgang deja a su madre sola todo el día para ir a trabajar. Ella se queja de sentirse como en una cárcel, y cuando Wolfgang vuelve por la noche teme haber perdido el don de la palabra. Unas semanas más tarde encuentran mejor acomodo en una casa limpia y con buena vecindad. Mozart ha empezado ya a relacionarse con las personas que su padre le recomienda, pero ni los protectores de su primer viaje ni los nuevos consiguen gran cosa. Algunos músicos de Mannheim le presentan a Le Gros, director de los *Concerts spirituels,* para quien compone su *Sinfonía concertante para instrumentos de viento,* que no llega a estrenarse, y dos sinfonías más con las que obtiene sus dos únicos éxitos públicos de este periodo. La primera es la sinfonía n.º 31, conocida como *Sinfonía París,* que fue estrenada el día del Corpus, obra de gran brillantez y concisión, en la que Mozart ha calculado todos los efectos para gustar a los franceses; la otra, que se estrena algo más tarde, es la sinfonía n.º 33, que también le valió «mucho honor».

Su máxima aspiración hubiera sido, sin embargo, componer ópera, y eso a pesar del «maldito idioma francés» tan malo para la música, y de los cantantes que chillan en lugar de cantar. Todo lo que va a conseguir es estrenar, en no muy buenas condiciones, su ballet *Les petits riens.* En cuanto a una colocación, que le hubiera permitido esperar mejores ocasiones sólo le ofrecen un puesto de organista en Versailles que no acepta.

Éstos eran los resultados de un viaje planeado por el buen sentido y la moderación. Cuando su padre le aconsejaba hacer una música más sencilla, para todo el público y no sólo para los entendidos, podía pasarlo con una sonrisa indulgente; ahora tendría que hacer lo mismo, aunque a partir de este momento tuviera menos fe en las soluciones moderadas. En sus cartas sólo deja ver su propia decepción: «Daré gracias a Dios todopoderoso si salgo de aquí sin haber perdido el gusto».

La soledad y abatimiento de su madre derivan en auténticos problemas de salud: «Hace tres semanas que me duelen las muelas, la cabeza y los oídos. —escribe a Salzburgo—. Ahora ya estoy mejor, gracias a Dios. No salgo mucho a la calle, pero en casa hace frío a pesar del fuego. Tendré que acostumbrarme.» El 11 de junio vuelve a enfermar y muere el 3 de julio tras un breve paréntesis en el que experimenta una leve mejoría. Mozart escribe un par de cartas a Salzburgo, una al abate Bullinger, amigo de la casa, en la que comunica la triste noticia para que la haga llegar a su padre y a su hermana, y la otra a su «queridísimo padre», en la que tan sólo cuenta que su madre está enferma, que le han hecho una sangría y aplicado otros remedios y que, aunque le dan esperanzas de su curación hay que ponerse en las manos de Dios. Luego pasa inmediatamente a narrar las peripecias de la composición, ensayos y estreno de su *Sinfonía París* en los *Concerts spirituels,* y de cómo para celebrar el éxito se tomó un helado en el Palais Royal, rezó el rosario que había prometido y se volvió a casa como un buen cristiano. Pero lo más desconcertante es cuando escribe: «Ahora le voy a dar una noticia que quizás sepa ya, y es que el ateo y archibribón de Voltaire ha reventado, digámoslo así, como un perro, como un animal. ¡Eso es lo que merecía!» Las dos cartas están escritas la misma noche en que muere su madre.

En París, además de las obras que ya hemos mencionado, compone el *Concierto para flauta, arpa y orquesta* y una serie de cinco sonatas de piano que superan ampliamente la música de la época para este instrumento y que combinan, igual que ocurre en los conciertos para piano y orquesta, el virtuosismo con lo más íntimo y personal. De todas ellas destaca, sin embargo, la *Sonata en La menor* (K 310) de carácter bien diferente al resto de las obras que compone para los parisinos. *La Sonata en La menor* es una música trágica y desesperada que nos coloca ante la peligrosa tentación de relacionar demasiado directamente la obra de un compositor «clásico» con su vida. ¿Sería esto lícito? Si lo hacemos, tendríamos además que elegir entre todo lo que ha vivido en los últimos meses, entre todas las cosas que le han herido; la muerte de su madre, la forzosa separación de Aloysia, el tiempo perdido en París y su decisión de sacudir el polvo de su calzado demostrando que no ha perdido el gusto.

Seis días después de las dos cartas anteriores, escribe otra a su casa dando la noticia que ya conocen, pidiendo perdón por el pequeño engaño, y confortando a su padre y a su hermana en la certeza que él mismo tiene y con la que también se ha consolado; la muerte «feliz y hermosa» de su madre. Su padre desconfía y pide explicaciones; Wolfgang hace una detallada descripción de lo ocurrido, en la que llegamos a saber que el desacuerdo está entre la aplicación o no de una sangría, y sobre si la sangría se hizo a tiempo o llegó tarde, para acabar con el diagnóstico, que no sabemos si es una opinión personal, de que la muerte se produjo por un «acaloramiento interno».

Naturalmente, nosotros no podemos entender gran cosa de todo esto. Molière murió burlándose de los médicos y de la medicina un siglo antes; tendremos mucho tiento, porque el final de esta historia se complica con parecidos ingredientes a éstos y además con la leyenda.

Mozart ha abandonado la casa donde murió su madre, y vive ahora con el primer protector que tuvo en París al que debe además quince luises de oro con los que ha pagado los gastos de la enfermedad. Ya no tiene mucho que hacer en París: «He de confesar que me sentiré alegre cuando me marche de aquí, porque dar lecciones no es ningún placer». Aún tiene una pequeña alegría cuando llega desde Londres Johann Christian Bach para hacer una ópera y puede encontrarse con él.

Su padre sigue siendo su providencia y tiene ahora a la vista para Wolfgang un puesto de director de orquesta en Múnich y la vacante de primer organista en Salzburgo. Es la segunda, sin embargo, la que se asegura como más probable. El sueldo es de 500 florines, y el arzobispo se muestra dispuesto a permitir todas las ausencias que sean necesarias para el cumplimiento de sus compromisos, más aún, «el arzobispo y toda la corte se interesan mucho por Mlle. Weber. Tienen mucho interés en oírla».

Leopoldo sabe que esto será más que suficiente, por eso le hace una última recomendación: «No quiero que abandones París hasta que se haya firmado el decreto».

El 26 de septiembre de 1778, Mozart ocupa su asiento en la diligencia para salir de una ciudad que intentará olvidar lo antes posible; cuando llega a Estrasburgo se entera de que Aloysia y su padre han conseguido colocarse en el teatro de la corte de Múnich y empieza a remolonear para no volver a Salzburgo inmediatamente. Se dirige a Mannheim y desde allí escribe a su padre comunicándole que es muy probable que pueda encontrar un empleo en esa ciudad. La respuesta del padre es tan contundente como cabía esperar; el único puesto que debe aceptar en ese momento, el que evitará la vergüenza de todos, es el que le aguarda en Salzburgo: «Si Dios quiere, viviré todavía un par de años, habré pagado mis deudas y luego, si quieres, podrás darte con la cabeza contra las paredes».

Una vez convencido de que no tenía otro remedio que acabar en Salzburgo, el destino no podía ser otro que Múnich para ver a Aloysia. Se presenta con un regalo, el aria «Popoli di Tessaglia». No conocemos en su intimidad la escena en la que Aloysia rechaza a Mozart; sabemos que ella se burló de los botones negros que Mozart llevaba en su casaca roja, como señal de su luto reciente, sabemos también que él se desahogó sentándose al piano y cantando en voz alta, «¡Que se vaya al diablo quien no me quiera!», que luego se refugió en casa de un amigo suyo, temblando de pies a cabeza, y que no fue capaz de escribir a su padre hasta cuatro días después y, aún entonces, sólo supo decir que estaba triste, sin declarar la causa.

Aloysia seguramente reconoció siempre en Mozart al músico y al maestro, tenía talento para poderlo percibir; pero en su desgraciada estancia en París, Mozart, recordándola muchas veces, habría ido fortaleciendo el deseo de ofrecerle algo que a ella nunca se le había pasado por la cabeza aceptar.

Antes de presentarse ante Aloysia, Mozart escribió una carta a su prima de Augsburgo pidiéndole que fuera a reunirse con él en Múnich. ¿Qué pretendía al encontrarse con las dos jóvenes? ¿Qué hubiera ocurrido si Aloysia no le hubiera rechazado? El caso es que Bäsle Marianne-Thekla, que había recibido una carta rimada, al estilo de los buenos tiempos, se encontró en Múnich con los restos del naufragio y acompañó a su primo camino de Salzburgo.

De nuevo al servicio del arzobispo

A mediados de enero de 1779 acepta y agradece formalmente a su arzobispo los cargos de organista y Konzertmeister. En casa todo está dispuesto para que pueda sentirse a gusto, y, como si tuviera prisa en recuperar su paraíso perdido, aquel estado de gracia que abandonó para ir a París, compone una serenata y un divertimento, ambos en la tonalidad más frecuente de Re mayor. Compone también tres sinfonías en tres tiempos, de las cuales la última, la n.º 34, es la más lograda, y el *Concierto para dos pianos* (K 365), para tocarlo con su hermana, y que más tarde, en Viena, interpretará él mismo dos veces.

El gran número de obras religiosas de este periodo, sometiéndose a sus obligaciones y a las estrechas normas litúrgicas que dicta el arzobispo, puede quedar representado por la más popular de todas, la *Misa de la Coronación* (K 317), en Do mayor, que sabe conjugar la concisión con la riqueza melódica.

Hay una obra, sin embargo, que se separa de todas las anteriores, profanas y religiosas, por su profunda nostalgia, y es la *Sinfonía concertante para violín y viola* (K 364); en ella, sobre todo en el intenso diálogo de los instrumentos solistas del andante, imaginamos el diálogo de una separación, como el que pudo tener lugar entre Aloysia y Mozart, o quizás como su idealización.

La familia Mozart tenía entradas gratuitas para todas las funciones del teatro municipal. Aquello no se parecía en nada a lo que Wolfgang había podido ver en otras ciudades; por allí pasaban sólo compañías ambulantes modestas, y allí apareció Emanuel Schikaneder el 17 de septiembre de 1780. Schikaneder era actor y empresario de su propia compañía, en la que todos eran actores y cantantes y hacían un extraño repertorio con Calderón, Shakespeare y comedias musicales alemanas, en las que se canta y se habla. En el último año de su vida, Mozart pondría música a un libreto de Schikaneder para una de estas comedias, *La flauta mágica;* pero ahora es otra clase de teatro la que va a ocupar su tiempo, aquel que deseó tanto hacer en París sin conseguirlo.

En el otoño de 1780, el elector de Baviera, Karl Theodor, que había trasladado su corte desde Mannheim a Múnich, encarga a Mozart una ópera para los carnavales de su corte. Se propone la historia de Idomeneo, rey de Creta, y el libreto lo escribirá el capellán Varesco de Salzburgo.

Todos los héroes vuelven a casa después de la guerra de Troya. A Idomeneo le asalta una tempestad en el mar y hace voto a Poseidón de sacrificarle la vida de la persona con la que tropiecen sus ojos al llegar a Creta; la víctima es su propio hijo Idamante.

Mozart, con mucha música escrita, emprende su viaje a Múnich que resulta también tempestuoso porque las dos últimas etapas las tuvo que hacer apoyándose con las manos en los desgastados cojines del asiento y con las posaderas en el aire. Escarmentado en el voto de Idomeneo, hace tan sólo el propósito de ir a pie antes que volver a meterse en una de esas diligencias que le sacan a uno el alma fuera del cuerpo en cada sacudida.

Hasta entonces Mozart había aceptado los libretos tal y como caían en sus manos; sin embargo, en esta ocasión, en cuanto llega a Múnich empieza a hacer correcciones en el de Varesco, y al final son tantas que, ante las protestas del libretista, Mozart zanja la cuestión asegurándole que todo se ha hecho para su «honra» y que debe estar agradecido porque con ningún otro *compositeur* le habría ido mejor que con él.

Mientras ensaya, se entusiasma con la orquesta y le escribe a su padre: «Venga usted pronto a escucharla». Ilia y Electra también estarán bien, y además tienen la mejor disposición; de los hombres, en cambio, no se puede decir lo mismo.

Idomeneo es la primera gran ópera de Mozart. Partiendo, al menos en la forma, del modelo francés (protagonismo del coro, inclusión de marchas y ballets), y empleando algún recurso del teatro de Gluck, se distancia de esos modelos en su esencia, transformando la «noble simplicidad» que los caracteriza, en el más noble apasionamiento. Con tan sólo cuatro personajes, esclavos del voto de uno de ellos, hundidos en lo profundo de sus sentimientos, sin peripecia, apenas sin acción que los mueva de donde están, se desarrolla este intenso drama. De decir que en *Idomeneo* hay más música que teatro es no comprender que se trata de un drama interno en el que todas las voces surgen de la conciencia y en el que la orquesta crea un horizonte, igualmente espiritual, tan ancho como el mar que dicta el destino de todos ellos.

Mozart solía decir que la época más feliz de su vida fue ésta que pasó en Múnich; recordándola, cantaba el aria de Ilia, «Se il padre perdei», una de sus preferidas. Aloysia se había trasladado con toda su familia a Viena, así es que en Múnich estuvo ocupado en componer música intensamente, música para la escena; y en eso consistió su felicidad.

Lo cierto es que, una vez más, le rondaba la idea de no volver a Salzburgo; su amo y señor se encontraba en Viena en las honras fúnebres de la emperatriz María Teresa, que había muerto en el mes de noviembre, y desde allí reclamó la presencia de Mozart para que se uniera a su séquito, en el que figuraba un grupo escogido de músicos. Se libraba de la estrechez de Salzburgo pero no de la servidumbre de Colloredo, que, fuera de casa, le iba a parecer más amarga aún.

El 16 de marzo de 1781 entra en la ciudad imperial y se instala en «una habitación encantadora en la misma casa donde vive el arzobispo». Es un honor que no todos han merecido, aunque, a la hora del almuerzo, demasiado temprana para su gusto, ha de sentarse a la mesa con la servidumbre, y ni siquiera «su insignificancia» disfruta de lugar preferente junto con los dos ayudas de cámara, los dos cocineros y el pastelero.

Después de dos actuaciones al servicio del arzobispo, le piden que toque en un concierto a beneficio de las viudas y huérfanos de los músicos vieneses; el arzobispo le niega el permiso para, después de muchas dudas, concedérselo. Ése es su primer éxito como compositor y como virtuoso del piano, y se lo cuenta a su padre entusiasmado: «Tuve que repetir porque los aplausos no cesaban... lo que más me maravilló fue el sorprendente silencio que reinaba, interrumpido por gritos de ¡bravo! en medio de mi ejecución, ¡en Viena, donde hay tantos buenos pianistas! ¿Qué le parece si, ahora que el público me conoce, diera yo uno por mi cuenta?» El concierto fue sin duda importante, como lo era la asociación que lo organizaba; la Tonkünstler-

Societät daba varios conciertos al año y reunía una orquesta de unos cien músicos, porque nadie «que tenga, aunque sólo sea un poquito de amor al prójimo, se niega a tocar allí cuando la sociedad se lo pide, y además se hace uno querer tanto del emperador como del público». No es la última vez, como veremos, en que aparece alguna obra de Mozart en los programas de esta sociedad, lo que nos debe hacer pensar sobre ciertos criterios interpretativos de nuestro tiempo: ¡Una orquesta de cien músicos!

Colloredo vuelve a organizar otro concierto con tres obras de Mozart, pero con tan mala fortuna que ese mismo día se pierde una actuación en una casa noble a la que asistió el emperador y donde, el que más y el que menos, cobró cincuenta ducados, mientras ellos hacían esa m... de música por nada, lo que le anima a preguntar a su padre si debe seguir malgastando su juventud y su talento al servicio de alguien que da tan poco valor a su arte. Un mes más tarde él mismo da la respuesta. «Todavía estoy furioso, y usted seguramente sentirá lo mismo que yo. Tanto se ha puesto a prueba mi paciencia que al fin se acabó. Ya no tengo la desgracia de estar al servicio de la corte de Salzburgo. Hoy ha sido un día afortunado para mí.» La explicación que sigue es bastante confusa; llegó la hora de la partida, que no le fue comunicada y que le obligó a recoger su equipaje y mudarse a casa de los Weber hasta reunir un dinero que aún se le debía y que necesitaba para pagar el viaje; cuando el arzobispo le pregunta por qué no se ha marchado todavía, le dice que no ha encontrado asiento en la diligencia. La rociada de insultos sólo se detiene cuando Mozart pregunta: «¿Su Gracia no está satisfecho conmigo?» Esto es el colmo para el prelado, que le señala la puerta con otra ración de insultos impropios de su dignidad. Después, ya no volverá a ver al arzobispo, es un criado, el conde Arco, el encargado de cerrarle el paso cuando Mozart pretende presentar una dimisión formal, y el encargado de darle el histórico puntapié en el trasero ante su insistencia. El conde le da también algunos consejos, le advierte de la volubilidad del público de Viena que pronto se cansará de él para seguir a otros profetas; pero Mozart ya no escucha consejos, piensa por sí mismo sobre su futuro. Puede que las modas cambien en el teatro, pero ¡Viena es el país del piano!, y de él no se van a cansar tan pronto que no consiga fama y fortuna.

Su padre ha contado muy poco en esta decisión; desde el viaje a París le resulta difícil creer en lo que él le presenta como el camino más seguro, además es incomprensible que no le haya dado la razón después de todas las humillaciones que ha recibido. Está claro que su padre es un servidor, y que quiere seguir siéndolo hasta el fin de sus días. Ahora quizás su decisión le pueda perjudicar, por eso se pone en su lugar y le devuelve un consejo a cambio de todos los que de él ha recibido: «Si tiene usted miedo, aparente estar enfadado conmigo, ríñame usted a gusto en sus cartas; basta que los dos sepamos cómo son las cosas». Mozart es, desde ahora, un músico liberado, aunque llegó a Viena al servicio del arzobispo.

Viena

En aquella época la ciudad imperial, con 210.000 habitantes, tenía una gran vitalidad teatral y musical. En las casas nobles había orquestas privadas, también abundaban las llamadas Harmonie-Musique, grupos de viento que acompañaban a sus señores a las casas de campo durante la temporada de verano, y que tocaban adaptaciones de los éxitos operísticos más recientes. Fuera de los palacios hay también posibilidades de organizar conciertos y, desde luego, en cualquier casa podía reunirse un cuarteto de cuerda.

La vida teatral no se parece nada a la de Salzburgo, Mozart escribe a su hermana: «Mi único entretenimiento es el teatro, me gustaría que pudieras ver aquí una tragedia, no conozco ningún teatro donde se representen tan magníficamente toda clase de obras dramáticas; aquí cualquier papel, el más insignificante, el peor, es bueno».

El teatro musical en ese momento está volcado hacia la opereta alemana que el emperador José II apoya decididamente en los primeros años de su reinado, hasta perder ese entusiasmo más tarde en favor de la ópera italiana.

En los primeros días de mayo de 1781, Mozart se instala en la casa de los Weber; el padre había muerto, Aloysia se había casado con el actor Lange, y la viuda, con tres hijas casaderas, se ayudaba alquilando las habitaciones sobrantes de la casa. Su plan de trabajo consiste en «tener algo un poco seguro para poder vivir bien, con ayuda de lo inseguro». Se levanta a las seis de la mañana, compone de siete a nueve y luego da lecciones. Por la tarde, si no hay concierto, escribe, y si lo hay procura sacar tiempo después del concierto para volver a componer, de forma que a veces se acuesta muy tarde. Las clases son una ingrata tarea y sólo toma alumnos aventajados, exigiendo seis ducados por doce clases, razón por la que nunca tuvo demasiadas, y por la que en los tiempos difíciles no pudo ayudarse con ellas.

Desde luego, la libertad de Viena y la urgencia de aumentar el escaso dinero de las clases con «lo inseguro», son un buen acicate para Mozart. Compone tres serenatas para instrumentos de viento; son las serenatas K 361, K 375 y K 388. La primera, *Gran partita,* la empieza en Múnich, teniendo muy presente el virtuosismo de aquellos músicos que tocaron su *Idomeneo,* pero la concluye en Viena; la segunda fue compuesta para una casa particular donde acudía con frecuencia una persona influyente de la corte, allí se estrenó y luego los músicos la tocaron en tres plazas distintas la noche de santa Teresa. «Los seis caballeros que la tocaron», escribe Mozart, «son unos pobres diablos que, sin embargo, tocan bastante bien en conjunto». Unos días después, el día de su santo, aquellos «pobres diablos» aparecieron por sorpresa a las once de la noche en su casa y, pasando al patio, interpretaron de nuevo para él la serenata; sin duda no eran tan buenos como los de Múnich, pero su gesto conmovió a Mozart. Por último la serenata K 388, la más intensa de todas, escrita en la tonalidad de Do menor, resume el espíritu de una música, aún no encerrada en la sala de conciertos, rebosante de espontánea intimidad. Es difícil pensar que el adagio de la *Gran partita* no lograra el silencio total de los salones y de las plazas como hoy nos suspende con su belleza.

La sinfonía n.º 35 la compone Mozart, como una serenata anterior, para un personaje relevante de Salzburgo, Sigmund Haffner, y originariamente quizás fuera también una serenata, despojada más tarde de la marcha inicial y de uno de los minuetos. Si la composición salzburguesa fue el regalo de bodas para la hija de la casa, quizás la sinfonía solemnizara la concesión de un título nobiliario al hijo varón de dicho personaje. La *Sinfonía Haffner* es un prodigio de exuberancia y concisión en el mismo carácter, Re mayor, de la serenata para orquesta.

Entre tanto, Mozart busca un libreto para una

nueva ópera; no se pueden desperdiciar las posibilidades que ofrece esa vida teatral de la que él tan sólo participa como espectador. Precisamente es un actor del Burgtheater, Stephanie, el que le proporciona uno que en un principio le parece muy bueno; el tema es «turco», y empieza a componer algunos números y decide dónde pondrá «música turca».

Su padre le ha pedido que abandone la casa de las Weber, y él obedece mudándose a otra muy cercana, después de hacer constar que con eso pierde muchas comodidades.

Trabaja intensamente, y cuanto más avanza en *El rapto del serrallo,* más claro está que al decir que el libreto era bueno, lo que estaba pensando era que iba a manejar a Stephanie a su gusto. Lo cambia casi todo; para él, lo importante en un libreto es el plan, y casi todas las correcciones van encaminadas a enderezar ese plan. Además, saca a un primer plano la figura del guardián del serrallo, Osmín, que en el trabajo que le presenta Stephanie carecía de relieve.

Incluso después de las correcciones, el libro es demasiado esquemático y pobre de acción; se salvan tan sólo la pintoresca rudeza de Osmín y la teatralidad de la serenata de Pedrillo que, antes de poner la escala para liberar a Constanza y a Blondchen, se entretiene en contar, como en un romance, la historia entera del cautiverio. La música, en cambio, sobre lo poco o lo mucho de esa historia, es de una gran emotividad, mejor diríamos de una gran humanidad. Belmonte y Constanza, aún revestidos del noble idealismo de la cautiva y su héroe, son tan de carne y hueso como los criados o como el grotesco Osmín, que al cantar su primer número encaramado a una higuera, se va a convertir ya en el modelo de tantos otros personajes cómicos de ópera.

Mozart en cada ópera crea una orquestación diferente, el paisaje que necesita para cada historia, y aquí es un paisaje exuberante y colorido, bien distinto del que pinta para *Idomeneo*. Pero lo que más sorprende quizás es que *El rapto del serrallo* parece como si estuviera escrito mucho antes que *Idomeneo,* y no estamos hablando de madurez o experiencia artísticas, sino del humor, del carácter que las diferencia, y eso indudablemente está relacionado con los géneros operísticos de los que se trata, porque mientras en Italia la ópera «seria» tenía siglo y medio de historia y ya estaba casi agotada, y la ópera bufa tenía cincuenta o sesenta años de desarrollo, la ópera alemana estaba aún en pañales y todo podía parecer nuevo, recién nacido.

Carl Maria von Weber insiste sin embargo en la circunstancia personal de su autor, que estaba por cierto a punto de casarse con otra Constanza a la que, según el veía las cosas, tenía que «salvar» de una situación familiar tan agobiante como el cautiverio de su heroína: «El mundo tenía derecho a esperar de Mozart otras óperas como *Fígaro* o *Don Giovanni,* pero ni aun pretendiéndolo podía volver a componer un *Rapto,* porque en esa obra creo ver lo que para cada hombre son los alegres años de la juventud».

Reaccionando siempre en consonancia con la situación más inmediata, es como crea el personaje de Osmín, que hace grande porque dispone de un cantante que «posee una excelente voz de bajo», y, al contrario, convierte a Selim Pachá en un papel hablado quizás por todo lo contrario. «A la fácil garganta» de la soprano encomienda un aria de «bravura italianini», pero con un acompañamiento de instrumentos solistas que hace que el aria de Constanza sea mucho más que puro virtuosismo. En cuanto al coro de jenízaros, que para muchos pudiera no estar a la altura de la sinceridad dramática de la obra, dice Mozart con cierto sentido del humor: «es cuanto se puede pedir a un coro de jenízaros, breve y divertido, escrito especialmente para los vieneses».

La composición del *Rapto* fue laboriosa; un año de trabajo para una partitura llena de tachaduras, cortes y enmiendas, ¿quién lo diría? El estreno se aplazó por una serie de contratiempos hasta que finalmente pudo llevarse a cabo en el Teatro Real e Imperial, el 16 de julio de 1782. El éxito inmediato con el que alcanzó quince representaciones, hizo que el mismo año se representara por toda Alemania. Mozart, sin embargo, sólo percibió 426 florines por componer la música.

Dos meses y medio más tarde, Mozart se ve forzado a escribir una carta difícil a su padre; ya no se trata de hablar de música, hasta Salzburgo han llegado ciertos rumores relacionados con sus últimas inquietudes amorosas. La carta es pura estrategia de principio a fin, Mozart sabe que a su padre no le van a gustar las noticias que tiene que comunicarle, y su única preocupación es cómo contarlas para que todo acabe de la mejor manera. El caso es que está enamorado de una Weber; ¡de otra Weber! Se trata de Constanza, la tercera y la mejor, una auténtica víctima que se ocupa de todo lo de la casa sin recibir reconocimiento de nadie. Quizás sea ésa la forma adecuada de presentar una mujer a un padre como el suyo, pero lo cierto es que nos pone en duda sobre la sinceridad de cuanto dice.

Al menos podremos creerle en el retrato que hace de Constanza: «No es fea pero tampoco guapa, toda su hermosura consiste en dos ojitos negros, y en una bella figura».

Desde luego, la precaución de Leopoldo de alejar a su hijo de las Weber no había servido para mucho. «Tengo que decirle otra cosa, y es que cuando presenté mi dimisión, no había surgido aún el amor, eso nació de los tiernos cuidados y servicios que me dispensó mientras viví con ellas.»

La familiaridad que disfruta Mozart en casa de una viuda con tres hijas casaderas, aun sin vivir en ella, desemboca en un episodio digno de una ópera bufa de esas que siguen escribiendo los «italianinis» y que a él le saben a poco. Aparece un tutor que, seguramente de acuerdo con la viuda, exige una garantía escrita de sus buenas intenciones; queda prohibido todo trato con Constanza, a no ser que se comprometa por escrito a casarse en el plazo de tres años o a pagar, de no hacerlo, una cantidad anual de 300 florines. Mozart asegura a su padre que nada podría resultarle más fácil que adquirir tal compromiso, con lo que queda advertido de su decisión.

Constanza rompe el documento, obligando con su gesto aún más a Wolfgang y dejando a su padre empeñado en negar su consentimiento a la boda. El humor en casa de las Weber se agría, y la baronesa Waldstätten, protectora de Mozart, acoge en la suya a Constanza. Mozart pretende ablandar a su padre con el envío de la partitura del *Rapto,* Constanza también envía algunos regalos y una carta, y la baronesa aporta su influyente mediación.

El 4 de agosto de 1782 tiene lugar la boda en la catedral de San Esteban. «Cuando nos unieron en matrimonio, tanto mi mujer como yo nos echamos a llorar; eso emocionó a todos, también al sacerdote...El banquete de boda fue una cena que nos ofreció la señora baronesa de Waldstätten, más propia de un príncipe que de un barón.» Tan sólo un día después llegó el consentimiento paterno y una felicitación de Nannerl.

El juicio de los biógrafos de Mozart sobre Constanza ha sido tradicionalmente muy poco generoso. Todos se han dejado influir por los prejuicios de Leopoldo sobre la familia entera, de la que no conocía ni a uno solo de sus miembros, y a la que se opuso desde que en Mannheim Wolfgang dio muestras de encontrarse a gusto entre ellos. Constanza, además, entra en escena después de Aloysia, y cuesta creer en una segunda pasión amorosa. En la carta que sirve de presentación, Mozart tiene buen cuidado de hacer saber a su padre que ahora no se trata de una locura y subraya las virtudes domésticas de la novia, incluso haciéndole poco favor: «No tiene ingenio, pero sí un sano sentido común suficiente para cumplir sus deberes de esposa y de madre. No es inclinada al boato, al contrario, está acostumbrada a ir mal vestida.»

Pero esta Cenicienta ha pasado por frívola y desordenada, se le ha exigido la perfecta conciencia del valor de la persona con la que estuvo casada, y se le ha hecho responsable, hasta donde seguramente no lo era, de las estrecheces económicas de los últimos años de la vida de Mozart. Tenemos, no obstante, más pruebas para afirmar que su marido le tuvo cariño, que pasaron juntos penas y alegrías en bastante buena armonía, que ella supo entender bastante bien el humor del hombre con quien convivía, y su música no peor que otros que hubiesen tenido que entenderla mejor, y que al final demostró tener muy buen sentido para salir adelante.

Ahora más que nunca, Mozart tenía que acudir a todos los trabajos, los seguros y los inseguros, y estuvo a punto de conseguir dar clases de música a la princesa Elisabeth de Württemberg, si no hubiese sido porque el emperador prefirió a Antonio Salieri, que por aquellos días había estrenado una ópera cómica titulada *El deshollinador*, oscurecida por el éxito del *Rapto*. Así aparece por primera vez en la vida de Mozart ese músico que tiene un papel más importante en la fábula, en la leyenda mozartiana, que en la historia de la música.

En cambio el encuentro con Haydn es de la mayor importancia para Mozart. Haydn iba a Viena desde la residencia del príncipe Esterházy con cierta frecuencia, y en uno de esos viajes se conocieron. Veinticuatro años mayor que él, era el único músico a quien podía admirar sinceramente, y, sin duda, el único entre sus contemporáneos que tuvo capacidad para comprender a Mozart en toda su grandeza, tal y como podemos comprobar en una carta que escribió a Praga: «Si estuviera en mi mano que todos los amantes de la música, y especialmente los que tienen el poder, fueran capaces de impresionarse y sentir las obras de Mozart, con un conocimiento y una emoción tan grandes como los míos, las naciones rivalizarían por tener dentro de sus fronteras a esa joya».

En todos los años de Viena, hasta que Haydn se marcha a Londres, los encuentros con su amigo debieron compensar a Mozart de la soledad que produce la amarga competencia con los mediocres; se reunían en casa de Stephen y Nancy Storace y tocaban música de cámara con Dittersdorf y otros músicos, y en este ámbito, precisamente en la intimidad de la música de cámara, surgirán las obras que Mozart va a dedicarle.

Haydn, después de nueve años sin componer cuartetos de cuerda, había publicado sus seis «cuartetos rusos», *opus* 33, que contienen, según su autor, «un modo nuevo muy particular». El estudio de esta obra es una de las experiencias artísticas más fuertes en la vida de Mozart, y su resultado la composición de los seis cuartetos dedicados a su «querido amigo Haydn» (K 387, 421, 428, 458, 464 y 465). El trabajo abarca un largo periodo, desde 1782 hasta 1785, y los manuscritos están llenos de tachaduras, correcciones y comienzos abandonados. A Mozart se le descubre un mundo formal nuevo, pero él crea un conjunto de obras que figuran entre las más logradas y personales de cuantas hizo. La influencia es de un carácter tan eminentemente técnico, que al profano le resultaría muy difícil percibirla, aunque haya rasgos diferenciales aparentes, como el protagonismo del primer violín en Haydn, que no encontramos en Mozart.

Para Alfred Einstein existe una diferencia más profunda, y es que mientras en los «cuartetos rusos» encontramos un humor muy característico del sur de Alemania, una especie de alegría «en mangas de camisa», Mozart no se permite nada de eso. Pronto se vio que con esta música se había dado un paso demasiado grande; ése fue el reproche de la crítica, incluso Dittersdorf reconocía sentirse un tanto turbado ante la exuberancia de ideas tan espléndidas.

En esta época Mozart frecuenta la casa de un personaje influyente de la corte, el barón Gottfried van Swieten, diplomático, hijo de un médico de la difunta emperatriz, que, en su etapa de embajador en Berlín, había adquirido un profundo conocimiento de la música de J. S. Bach y de Händel. Allí se reunían todos los domingos a las doce, y no se tocaba otra música que la de los dos maestros; además Mozart se llevaba partituras para poderlas estudiar en casa, y cuando las tocaba al piano, a Constanza llegaron a gustarle tanto que pedía a su marido que compusiera fugas como aquéllas, porque eran «lo más artístico y lo más hermoso que había en la música». En su infancia, el padre Martini analizaba cánones con él, pero el profundo conocimiento del contrapunto que adquiere ahora con el estudio de la obra de J. S. Bach, influirá decisivamente en su obra y muy particularmente en su Misa en Do menor (K 427).

Desde la boda, el matrimonio se ha mudado dos veces de casa, y ahora planean un viaje a Salzburgo para que Leopoldo y Nannerl conozcan a la joven esposa. El 11 de noviembre intentan ponerse en camino, pero el día antes «el tiempo fue tan horrible que apenas se podía ir en coche por la ciudad», y en la posta le comunican que en esas condiciones las etapas serían muy largas y que lo más seguro es que tuvieran que volverse. Luego la causa del aplazamiento es una indisposición de Constanza, sin duda producida por su primer embarazo, porque el 18 de junio de 1783 Mozart comunica a su padre: «¡Felicidades, ya es usted abuelo! Ayer a las seis y media de la mañana, mi querida esposa dio felizmente a luz un robusto y hermoso niño.»

Confiados quizás en la robustez del bebé, lo dejan al cuidado de una nodriza, y a finales del mes de julio emprenden, por fin, el viaje a Salzburgo. Se podía temer alguna represalia del arzobispo, pero lo que encontraron fue un ambiente bastante frío en su propia casa, donde Constanza recibió muy pocas atenciones.

Mozart venía además a cumplir un voto; en los difíciles tiempos de su noviazgo había prometido, si lograba llevar a Constanza a Salzburgo como esposa, ofrecer allí una misa compuesta por él. Llegado el momento no tiene más que hasta la mitad del Credo, así es que para cumplir el voto en la iglesia de San Pedro tendría que completarla con fragmentos de otras obras suyas. La Misa en Do menor, antes mencionada, no se sujeta a las normas de brevedad que dictaba Colloredo y es, junto con algunos fragmentos del Réquiem, inacabado también, y el *Ave verum corpus* (K 618) la más profunda música religiosa de Mozart.

De vuelta a Viena, el matrimonio hace una agradable escala en Linz y, para un concierto que le piden compone la sinfonía que lleva el sobrenombre de la ciudad (K 425). La influencia de Haydn aparece aquí en la introducción lenta y solemne del primer tiempo, y en el «andante» sobre todo, aunque los cambios de humor, la mezcla de lo alegre y lo nostálgico, característica de la obra de Mozart, discurren por toda la sinfonía para separarla de las del amigo y maestro que en estos años tenía tan presente.

A primeros de diciembre, ya en casa, reciben la triste noticia de la muerte de su primogénito Raimundo Leopoldo. El «pobre, rollizo y querido bebé», así le recuerda su padre en una de sus cartas, había muerto el 19 de agosto y reposaba en un humilde cementerio hoy desaparecido.

A comienzos del año 1784, Mozart está dispuesto a comprobar si Viena es la ciudad del piano tal y como había afirmado cuando decidió acabar con la situación de servidumbre que sufría en Salzburgo. Los primeros resultados le dan inmediatamente la razón; entre los últimos días de febrero y los primeros de abril toca veintidós veces en público y consigue, para los conciertos que organiza él mismo, 174 abonados. Se inaugura así uno de los períodos más brillantes en su obra de creación y también en su carrera de virtuoso, y para su bienestar económico.

Hasta después del estreno de *Las bodas de Fígaro* compone, además de catorce conciertos para piano y orquesta, un gran número de obras de gran importancia. Nunca, por otra parte, ha tenido tantos alumnos y nunca después volverá a tenerlos.

Los tres primeros conciertos para piano y orquesta de la época vienesa, los números 11, 12 y

13, fueron ya escritos dos años antes, y de ellos dice su autor que pueden tocarse tanto con una gran orquesta con instrumentos de viento, como reduciendo la cuerda a dos violines, viola y violonchelo. En cuanto a su carácter, los define como intermedios entre «lo demasiado difícil y lo demasiado fácil», entre lo íntimo y lo brillante, podríamos decir.

El que viene a continuación (K 449), está dedicado a su alumna Babette Ployer, de una familia salzburguesa residente en Viena, aunque lo tocara él para sus abonados.

De los conciertos 15 y 16 dice Mozart: «No soy capaz de elegir entre ellos; los dos son de los que hacen sudar», y acaba pidiendo a su padre y a su hermana que le den su parecer.

Precisamente de Salzburgo llegan ahora buenas noticias; Nannerl se casará en el mes de agosto, y unos días antes escribe Mozart: «¡Por todos los diablos!, ya va siendo hora de que te escriba si quiero que leas esta carta siendo aún una vestal. Unos días más ...y se acabó.»

Esto le hace pensar en la situación familiar, y ruega a la hermana que convenza a su padre para que pida la jubilación, «como hombre que ha servido ya largo tiempo» y, con la pensión, se vaya a vivir con ella, o venga a Viena, para no tener que vivir solo. Leopoldo prefiere la soledad a la jubilación y únicamente aceptará al año siguiente hacer una visita a su hijo.

Resulta curioso que, así como no supo elegir entre los dos conciertos anteriores, precisamente de la obra que viene a continuación, el *Quinteto para piano e instrumentos de viento* (K 452), formulara el juicio más rotundo y más desacostumbrado: «Yo mismo considero que es la mejor obra que he compuesto en mi vida...¡Cómo me hubiese gustado que la hubiese oído; y qué bien la tocamos! Bueno, si tengo que decirle la verdad, quedé deshecho después de tocar tanto, aunque, dígase en mi favor, mis oyentes no se cansaban nunca.»

Dedicado también a la señorita Ployer como el n.º 14, el concierto en Sol mayor n.º 17 sobresale entre todos los que ha escrito en Viena hasta la fecha; es más rico, más intenso en sus dos primeros tiempos, y el *allegretto* final, un tema con cinco variaciones, tiene una larga *coda* en la que aparece el espíritu de la ópera cómica. También en el concierto siguiente el andante es una melodía que anuncia el aria de Barbarina en *Bodas,* por lo que se le atribuye un carácter más femenino y sensual.

En el mes de julio Mozart comunica a su hermana un nuevo embarazo de Constanza, muy contento de que el futuro heredero, dando ya señales de vida, «nunca deje en paz a su madre». El niño nace el 21 de septiembre, y su abuelo pudo conocer, en su visita a Viena, a una criatura de cinco meses, cariñosa como pocas y de gran parecido con su padre. Carl Thomas Mozart murió en Milán a la edad de setenta y cuatro años.

El último de los conciertos para piano compuesto en 1784 está igualmente cercano a la ópera bufa, tanto en la melancolía de su tiempo lento, especie de aria sin palabras, como en el juego rítmico del tercer movimiento. Se estrenó el 11 de diciembre en los conciertos de abono y sabemos que Mozart volvió a tocar este concierto n.º 19 en Frankfurt, en la coronación de Leopoldo II, junto con el n.º 26 que recibe el sobrenombre de «Concierto de la Coronación».

Tres días después de ese estreno, el 14 de diciembre, Mozart ingresa en una logia masónica, la misma que acogerá a su padre en su visita a Viena.

Aunque fueron publicadas al año siguiente, la fantasía K 475 y la sonata K 457, ambas para piano, ambas en la tonalidad de Do menor, fueron escritas en el otoño de 1784. Compuestas para interpretarse juntas, están dedicadas a Teresa von Trattner, alumna de Mozart, por supuesto aventajada a la vista de lo que estas dos obras exigen del intérprete. También debió tocarlas el propio autor, improvisando, según se supone, la fantasía que precede a la sonata. Son, sin embargo, un mundo aparte; dentro de la música para piano solo, podríamos acercarlas a la sonata en La menor (K 310) escrita en París, aunque estas últimas obras, en lugar de la patética efusividad de aquélla, son de una gran contención y densidad dramáticas.

En todo este tiempo, mientras compone su mejor música de cámara, mientras crea «la cima de su obra instrumental», como califica Einstein a los conciertos de piano, no deja de pensar en el teatro y busca un libreto para una nueva ópera. Aún se representa el *Rapto,* cuando el intendente del Teatro Real e Imperial le recomienda que escriba una ópera italiana y él pide que le manden los últimos libretos que se han escrito en Italia. Sin embargo, no abandona la ópera alemana y hace que le traduzcan una comedia de Goldoni, *Arlequín, servidor de dos amos,* cuando el emperador, asesorado por Salieri, disuelve la compañía encargada de representar la ópera alemana; así pues, tenía razón el intendente del Teatro Real e Imperial por más que Mozart después de leer casi un centenar de libretos, no haya encontrado nada. Mientras tanto seguiría trabajando para sus conciertos de abono. El 11 de febrero de 1785, llega Leopoldo Mozart a Viena y tiene ocasión de ver cómo vive un músico, su hijo, que, al contrario del Arlequín de Goldoni, no está al servicio de ningún amo. Precisamente en los meses de febrero y marzo estrenará Mozart dos conciertos de piano; los números 20 y 21 (K 466 y 467).

En el primero de ellos percibimos una agitación interior desconocida hasta entonces en sus conciertos, la que encontramos en las últimas sinfonías y en los momentos más dramáticos de *Don Giovanni,* esa inquietud espiritual que hizo, como ha subrayado la crítica, que los románticos, incapaces de comprender el humor sublime del concierto en Fa mayor, escogieran éste escrito en Re menor, como modelo de lo que ellos sabían muy bien apreciar.

El siguiente es conocido sobre todo por su movimiento lento, éxtasis que se prolonga en una larga melodía con la cuerda en sordina, enmarcado por una brillante marcha y por un final de carácter jocoso.

A Leopoldo le sorprende todo; el rondó del primero de los conciertos no se pudo ensayar porque no estaban copiadas las partes, pero está claro que los músicos no son los de Salzburgo. ¡Qué asombro para el criado del arzobispo! «Tu hermano —escribe a Nannerl— ha ganado 559 florines con sus sesiones académicas, más de lo que esperábamos, porque, al mismo tiempo, ha organizado seis conciertos de abono en los que hay inscritas más de 150 personas. Cada una paga un soberano por los seis conciertos, además también toca por cortesía en los conciertos organizados por otros. ¡Ojalá acabara todo esto! Es imposible enumerar las molestias e inquietudes que ocasiona. Desde que estoy aquí han sacado por lo menos doce veces de casa el piano de tu hermano para llevarlo al teatro o a otra casa.»

Mozart conoció a su más importante libretista en casa del barón Wetzlar, padrino de su primer hijo. Lorenzo Da Ponte, nacido en un pueblo de la provincia de Venecia, inició una vida aventurera después de abandonar la carrera eclesiástica, llegando a ostentar el cargo de dramaturgo de la corte imperial, en cuyo desempeño había escrito algunos libretos de poco éxito, cuando aceptó el primer encargo de Mozart: *Las bodas de Fígaro*.

La idea, bien arriesgada por cierto, de poner música a la obra de Beaumarchais, había partido de Mozart. Después de su estreno en París, y a pesar de las numerosas traducciones hechas al alemán, el emperador no había concedido el permiso para representarla en Viena, pues estaba claro que era un «ave de mal agüero de la revolución». Mozart y Da Ponte sacaron a relucir sus mejores argumentos ante José II para que les permitiera hacer una ópera de tan peligroso material, prometiéndole el libretista «borrar todo aquello que pudiera herir la decencia y el buen gusto».

Da Ponte reduce a cuatro los cinco actos de la comedia, y a once sus dieciséis personajes, al tiempo que exime, casi por completo, a Fígaro de su cometido de fustigador de la sociedad. Algo queremos ver en el *«Se vuol ballare»,* y poco más, porque aquella cita de la abolición del «derecho a la primera noche» del feudalismo, llega a cansar al Conde y se repite para hacer reír al público.

Con su comedia, Beaumarchais había conseguido ya su propósito de crítica social; Da Ponte prometió al emperador moderación, convencido seguramente de que ellos no tenían por qué volver a repetir algo que otro había conseguido plenamente, y a Mozart le tocaba lograr en el teatro lírico una revolución de igual o mayores proporciones a la conmoción social producida en París por la comedia.

¿Se trataría de una ópera bufa al gusto de la corte? Ellos la titularon *Commedia per musica,* y advertían en el prólogo que era un «género casi nuevo de espectáculo».

El «embrollo» sí era el de una ópera bufa, algo más extenso desde luego, y las figuras que lo movían, sobre el papel al menos, también parecían las de siempre, salvo ese siervo que planta cara a su señor. Marcellina, Don Basilio, Don Curzio y Antonio el jardinero son personajes de la *commedia dell'arte* y de la ópera bufa, y Bartolo lo es tanto, que en su aria «*La vendetta*» se convirtió en el modelo del bajo bufo.

Pero las novedades son más abundantes que las sujeciones al género; lo que hace de *Las bodas de Fígaro* un espectáculo distinto de todo lo visto hasta entonces, está en los grandes finales, el del segundo acto que resume y concluye la primera parte, y el del cuarto acto, fin de la obra. Estos dos grandes números (no interrumpidos por los recitativos *seccos),* que abarcan una gran variedad de escenas y situaciones, son por su extensión y riqueza dos de las piezas fundamentales del teatro musical. En el último, además, la acción queda suspendida en una mística ensoñación, «*Contessa, perdono!*», momento único en toda la música dramática, antes de precipitarse en la veloz carrera final.

El conde Almaviva y Fígaro son dos figuras de una dimensión desacostumbrada, y aún más Susana, que en el aria del cuarto acto se eleva tan por encima de la *soubrette* cuya apariencia toma, que se hace difícil reconocerla como tal. Cherubino, del que se ha dicho que es un don Juan adolescente, hace exhibición de sus sentimientos, mientras los demás expresan los suyos de forma más contenida, y más que ninguno la Condesa, personaje de rango espiritual superior, más noble que la imaginada por Beaumarchais, y que, por sí sola, haría de esta ópera un género de espectáculo siempre vivo. La orquesta aquí no es vestidura ni ornamento, no es parte del escenario, sino de los mismos personajes, porque, como dice Wagner, todos los instrumentos tienen «el inquieto aliento de la voz humana».

El estreno de *Las bodas de Fígaro* tuvo lugar en el Burgtheater de Viena el 1 de mayo de 1786. El público pidió la repetición de casi todos los números. «Nunca ha gozado nadie de un triunfo tan brillante», dice el tenor que cantó Don Basilio. El emperador decidió prohibir los «bises» en las representaciones sucesivas para evitar el cansancio de los cantantes, y sin embargo, la obra desapareció del escenario después de tan sólo nueve representaciones.

Leopoldo había abandonado Viena mucho antes de que Wolfgang se pusiera a trabajar en esta ópera y antes también de que pensara en los tres conciertos para piano que cierran su provechosa etapa de concertista, aunque no la de compositor de esta música.

Mientras compone *Bodas,* Mozart escribe e interpreta los conciertos para piano números 22, 23 y 24 (K 482, 488 y 491). En los dos primeros introduce una novedad tímbrica sustituyendo los oboes por clarinetes. El público obligó a Mozart a repetir la interpretación del andante del concierto n.º 22, «acontecimiento más bien raro», comenta su padre en una carta a Nannerl, aunque a nosotros nos parezca más raro aún que no hiciera lo mismo con el adagio del concierto n.º 23.

El concierto en Do menor (K 491), uno de los grandes sin lugar a dudas, música cargada de vehemencia, sirve perfectamente como final y despedida de la próspera etapa de los conciertos de abono. En el verano de 1786, ante una situación económica que empieza a ser angustiosa, intenta volver a organizar estos conciertos, y después de muchos esfuerzos tan sólo consigue un abonado, su amigo el barón van Swieten.

No sabemos muy bien cuál pudo ser la causa del repentino y rotundo declive de algo que, según hemos visto, producía tantas satisfacciones en el músico y su público. ¿Acabó teniendo razón el conde Arco? ¿Es que el éxito en Viena era tan variable omo la moda?

Para unos la explicación podía estar en la evolu-ón de la música de Mozart hacia un progresivo imismamiento, en esa tendencia a lo difícil e in-o en la que, calificándolo con unas u otras pa-s, coinciden los críticos de su tiempo. Es cier-, precisamente en esa época, Mozart manda a un editor el primero de una serie de tres cuartetos con piano que se había comprometido a escribir (K 478), y el editor se lo devuelve porque era muy complicado y el público no quería comprarlo, pero ese magnífico cuarteto, junto con otro que escribió un poco después (K 493), no son diferentes a los últimos conciertos de piano en carácter y madurez. En el abandono voluntario, para dedicar todo su tiempo a la ópera, se podría pensar si no hubiese seguido componiendo obras orquestales y de cámara. Quizás las causas fueran externas; se ha pensado en la guerra contra los turcos que arrastró a las grandes familias a retirarse a sus casas de campo, y en la falta de dinero de la aristocracia y la burguesía que provocó esa misma guerra.

Sea como fuere, a pesar de las ganancias que sus abonados le han proporcionado, a lo que hay que añadir la publicación de los seis cuartetos dedicados a Haydn, con los que obtuvo 450 florines, y el estreno de *Fígaro,* Mozart escribe a un amigo que va a emprender un viaje a Italia: «¡Usted sí es un hombre afortunado! ¡Ay, qué feliz sería yo si pudiera acompañarle! Pero ya lo ve, ahora mismo tengo que dar una lección para ganar algo.» Lleva mucho tiempo sin moverse de Viena, y dar clases es como encerrarse y no ver la luz del día. Siempre que encuentra un hueco estudia inglés y francés, y ahora tiene un nuevo alumno, Thomas Attwood, que con su amigo el tenor Kelly y los hermanos Storace, todos británicos, le animan para que vaya a Londres.

El 16 de octubre, Constanza da a luz su tercer hijo, Johann Thomas Leopold, y en noviembre, Mozart escribe a su padre contándole su proyecto de viaje y pidiéndole que se quede con sus dos nietos, Carl y el recién nacido Leopold. Él sabe que tiene en casa al hijo de Nannerl, y supone que aceptará a los suyos; sin embargo, la negativa es rotunda y sin explicaciones. A su hija sí le explica todo lo que piensa de ese viaje: que es una idea peregrina que podía acabar, si alguno de los dos moría o se establecieran en Inglaterra, con que él, a sus años, tuviera que ir detrás del matrimonio o del que quedara con los críos y las facturas. Los amigos ingleses de Mozart hacen un viaje a Salzburgo para convencer a Leopoldo de que todo aquello no era un capricho, pero no logran hacerle cambiar de actitud. Mientras tanto, el recién nacido Johann Thomas muere antes de cumplir el mes de edad. Unas semanas después, Mozart recibe una invitación de la orquesta y de un grupo de aficionados de Praga para que vaya a disfrutar del éxito que allí está obteniendo *Las bodas de Fígaro*. El 8 de enero de 1787 sale con Constanza hacia la capital bohemia, donde el día 17 pudo ver su ópera y recibir el aplauso del público. Tres días después dirigió él mismo la representación. El éxito de *Bodas* en Praga fue mucho mayor que el de Viena, se representó casi sin interrupción durante todo el invierno y llegó a ser tan popular que se hicieron arreglos para piano y para instrumentos de viento y de cuerda.

En todas partes se tocaba *Fígaro* y se bailaba con *Fígaro,* y los acordeonistas de las cervecerías no tenían más que tocar el «*Non piú andrai*» para asegurarse el entusiasmo de la clientela.

Además, Mozart dio un concierto igualmente triunfal. Antes de emprender este viaje, había acabado el concierto de piano n.º 25 (K 503) y la sinfonía n.º 38 «Praga» (K 504). Es seguro que en esa ocasión se tocó la sinfonía y hay que suponer que él mismo interpretara el concierto, porque como remate tuvo que improvisar al piano «por espacio de una buena media hora». El colofón fue el grito que surgió de la platea: «¡Fígaro!»; y la respuesta de Mozart, unas variaciones sobre el tema que ya conocía toda Praga.

La sinfonía se abre con una introducción lenta y carece de minueto. Más allá de toda intención clasificatoria, la Sinfonía «Praga», barruntando las sombras de *Don Giovanni,* nos coloca en la etapa final de la creación sinfónica mozartiana.

El concierto n.º 25, es una obra singular; se ha dicho que es un concierto «serio» en términos operísticos, carente de la magia «teatral» de los precedentes, e injustamente valorado por esa razón, aunque su gran condensación temática compense con creces ese cambio de humor, que no es, por supuesto, una carencia.

La recaudación del concierto estuvo en consonancia con el entusiasmo del público, casi mil florines de oro. Sin embargo, lo más importante de ese viaje fue sin duda el contrato que firmó para componer una nueva ópera que se representaría la próxima temporada por los acostumbrados honorarios de cien ducados.

De vuelta ya en Viena, recibe la noticia del mal estado de salud de su padre. Leopoldo había escrito a su hija: «El final de mis sesenta y siete años, y el comienzo de los sesenta y ocho ha traído a mi cuerpo un gran cambio»; ahora, según sus palabras, sólo queda ir echando remiendos. Wolfgang le escribe una carta llena de buenos deseos y de consuelos. El 28 de mayo muere Leopoldo Mozart refugiado en el círculo doméstico de su hija casada, distante y algo resentido de todo el camino que su hijo ha recorrido para alejarse de su autoridad paterna y de esa otra dependencia que él siempre aceptó: la servidumbre del músico. Mozart, que ha compuesto un poco antes dos auténticas obras maestras de la música de cámara, los quintetos para dos violas (K 515 y 516), con los que desde luego no pretende ganarse de nuevo a ese público que le ha abandonado, se entretiene en componer *Una broma musical* (K 522) que es la parodia de la mediocridad, una burla a los malos músicos. Leopoldo Mozart, el hombre del buen sentido y de la cordura, el que siempre aconsejó a su hijo cómo había de llevar sus negocios, no compuso más que «paseos en trineo», «bodas rústicas» y «divertimentos militares»; ni por un momento se nos ocurre pensar, sin embargo, en una venganza, su hijo no se burla de esas pequeñas obras ahora, quizás en esa «broma» Mozart recordaba a su padre cuando juntos, hablando de música y de músicos, no dejaban títere con cabeza.

El teatro en Viena sigue los caminos más trillados, triunfa Dittersdorf y la ópera que desbancó a sus *Bodas,* pero Mozart ya no se vuelve a mirar atrás y cuando Da Ponte le propone, para el encargo de Praga, hacer una ópera sobre Don Juan, ve claramente la posibilidad de dar un paso más, de alejarse más aún de la ópera bufa.

El mito español se ha popularizado en toda Europa y en los escenarios de Italia y de Francia se pavonea un galán que habla más y actúa menos, que es más humano y hasta más inteligente que el español, a costa de ser menos Don Juan. El modelo directo para Da Ponte es la ópera en un acto de Bertati, música de Gazzaniga, *Il convitato di pietra.* Detrás está el mito del libertino que culmina sus fechorías invitando a cenar a un difunto, a una calavera o a la estatua funeraria que la representa, y las diversas dramatizaciones del teatro español que culminan en la obra de Tirso de Molina.

Da Ponte amplía el libreto de Bertati, añade episodios y consigue una mayor presencia de los personajes femeninos, en todo lo cual no sabemos qué participación pudo tener Mozart, porque el oficio y la autoridad de su libretista, nos impiden pensar en la situación que se dio en *Idomeneo* o en el *Rapto.* En cualquier caso, en el libreto de Da Ponte no es oro todo lo que reluce, y no hay que extrañarse por ello, porque la historia ha pasado de mano en mano muchas veces, y porque el modelo mismo, con toda su grandeza, no se distingue precisamente por su orden narrativo ni por la solidez de su estructura dramática. La vida del libertino no se presta a ello; Don Juan es, por encima de todo, un reincidente, y las repeticiones van en contra del desarrollo dramático.

No sabemos si Mozart conocía el drama de Tirso, pero en su música está la más alta representación del mito de Don Juan. Sólo la intuición de un genio como el de Mozart podía conseguirlo. Molière y Goldoni se habían alejado de la auténtica esencia del mito, el primero negándolo al hacer de Don Juan un ateo, el segundo destruyéndolo estúpidamente al castigar los desmanes del disoluto con una «muerte natural»; el rayo de una tormenta. Don Juan no niega lo sobrenatural; pretende, con su exuberante sensualidad, dar una dimensión a la vida también sobrenatural, que desafíe a la muerte, que la haga imposible en su despectivo «¡Qué largo me lo fiáis!». Esto es lo que Mozart recupera y ensalza en su *Don Giovanni;* no hace falta llegar a la escena final; en la obertura misma está representado lo trascendente, y el carácter del héroe, su arrogancia desafiante, en una célula rítmica con la voz de los instrumentos de viento. Luego, en la acción dramática, desde que el Comendador, herido por Don Juan, se extingue como una llama vacilante, hasta que aparece para hundir a su matador en el fuego del infierno, en la escena hay un aliento sobrehumano, esté o no esté el burlador presente. Cierto que aparte estos dos personajes, el resto de las figuras son humanas, sobre todo las tres mujeres, pero Doña Ana y Doña Elvira van siguiendo siempre esa estela de dolor que ha dejado a su paso el burlador.

Cuando Schiller le escribió a Goethe, diez años más tarde, que confiaba en la ópera precisamente porque, mediando la música, en ella se llega a prescindir de la «imitación servil de la naturaleza», la contestación de Goethe es rotunda: «Las esperanzas que pone en la ópera se satisfacen en grado sumo con *Don Juan;* pero esta obra es única y con la muerte de Mozart, se ha perdido la esperanza de algo semejante».

El día 1 de octubre de 1787 sale Mozart con Constanza hacia Praga, llevando casi todo el trabajo hecho, porque el estreno estaba previsto para quince días después, aunque al final, se aplazó hasta el 29 del mismo mes. De nuevo se produce la admiración, la sorpresa y el éxito. En el estreno absoluto de *Don Giovanni* estuvo Casanova, amigo de Da Ponte y vicario de don Juan en la tierra.

A mediados de noviembre vuelven los Mozart a Viena. Acaba de morir Gluck y el emperador va a nombrar a Mozart músico de la Cámara real e imperial con un salario muy inferior al que cobraba su antecesor, aunque él pueda consolarse diciendo que no había otro en la Cámara que recibiera tanto. La única obligación del cargo consiste en componer piezas de baile para las famosas reuniones de carnaval en la Redoutensaal de palacio, en las que, el baile de disfraces con cena y juego, se prolongaba desde las nueve de la noche hasta las cinco de la madrugada. Los carnavales se celebraban entonces desde el primer domingo después de Navidad, y se extendían a otras fiestas y domingos del año; para ellos compuso Mozart contradanzas, minuetos y danzas alemanas, que a él mismo le gustaba bailar, en las que hace alarde de ingenio y de técnica de orquestación.

El 7 de mayo de 1788 se produjo por fin el estreno de *Don Giovanni* en Viena, con un éxito mucho menor que el que obtuvo en Praga. Para esta ocasión Mozart hizo algunas modificaciones, la más importante fue la eliminación del sexteto final en el que todos celebran, con muy poca grandeza de espíritu, la desaparición del enemigo común, para acabar entonando la consabida moraleja de que quien mal anda, mal acaba. Con esta supresión nos parece que Mozart quería poner más difíciles las cosas al público vienés, aunque sospechamos que lo hubiese logrado de cualquier manera, porque en toda Alemania la aceptación de esta ópera fue muy tardía.

Da Ponte consiguió con sus buenos oficios que la ópera alcanzara catorce representaciones; a la última asistió el emperador y emitió un juicio bastante insulso. Un crítico de Frankfurt, que entendió la ópera tan poco como el emperador, reconoce por lo menos que la escena del cementerio «le llenó de espanto», y termina diciendo: «Mozart parece haber aprendido la lengua de los espíritus de Shakespeare», lo que para un ilustrado, lejos de ser elogioso, venía a significar más bien el colmo de lo desmedido.

A pesar de los ingresos de Praga, de los honorarios obtenidos en Viena con *Don Giovanni,* y de la seguridad que supone tener ahora un cargo, aunque no esté remunerado generosamente, en el verano de 1788 se producen, o empezamos a conocer, por vez primera, las angustias económicas de Mozart. Éste se ve obligado a pedir dinero en préstamo a su amigo Michael Puchberg en una serie interminable de cartas que van hasta el mismo año de su muerte. Puchberg acude en ayuda del músico y anota en cada carta la cantidad prestada, que no siempre puede ser la que su amigo le pide. Por ellas conocemos que después de los años dorados de los conciertos de abono, Mozart comienza una época de estrecheces que no hará sino agravarse más y más hasta el final.

El 29 de junio muere su cuarto hijo, una niña llamada Teresa, nacida unas semanas después del regreso de Praga, cuya breve existencia desconocida durante mucho tiempo, sólo nos consta por los registros de nacimiento y defunción.

En este verano de 1788, y en el corto plazo de dos meses, compone Mozart las sinfonías 39, 40 y 41.

Seguramente pensaría ofrecerlas en la siguiente temporada, su situación económica así lo exigía, aunque las cosas ocurrieran de otra manera. Se las ha calificado de «testamento sinfónico» y se ha afirmado, para cargar las tintas, que Mozart no las llegó a oír nunca. Lo primero, siempre que no se prejuzgue la intención, puede afirmarlo cualquiera, porque en las tres obras culmina un proceso creativo que supera al más abundante ciclo de las sinfonías de Haydn, aunque sea este último, y no el mozartiano, el que tenga heredero en Beethoven. Lo segundo es totalmente falso, porque una de las tres figuró en un programa que la ya citada Asociación de Músicos dio a beneficio de sus huérfanos y viudas, precisamente dirigido por Salieri, reuniendo, como era su costumbre, una orquesta numerosa.

No necesitamos tramar ninguna leyenda, ni recurrir a Júpiter para apadrinar la última de las tres obras. ¿Qué sobrenombre deberíamos poner entonces a la sinfonía en Sol menor? Son tres obras maestras escritas lejos de cualquier presentimiento fatal después de haber creado *Don Giovanni*.

El ofrecimiento que le hace, en la primavera de 1789, su alumno el príncipe Lichnowsky para que le acompañe a Berlín en su propio coche, debió despertar en Mozart la esperanza de poder enderezar su situación económica. El príncipe tenía un cargo en el ejército prusiano y podía presentar a su maestro al rey Federico Guillermo II. Se trataba de un viaje de negocios, Mozart escribe a Constanza que el príncipe se ocupaba en el comercio de caballos, y él mismo aprovecha su estancia en Praga para sacar el contrato de una nueva ópera, que no llegó a cumplirse, y luego en Dresde, después de tocar para el elector, obtiene una valiosa caja con cien ducados.

En Berlín, el rey le invita a participar en alguno de sus conciertos, le paga con cien federicos de oro y le encarga seis cuartetos de cuerda para su propio uso; él mismo tocaba el violonchelo. Si, como es fácil suponer, pretendía quedarse al servicio de la corte de Prusia, alejándose del emperador y sus bailes de carnaval, de sus propias deudas y de la ciudad que le había vuelto la espalda, el fracaso del viaje no puede ser más amargo, porque los músicos que rodean al rey, con sus intrigas, consiguen que el intruso se tenga que volver por donde ha venido. Para colmo, tiene que prestar cien florines al príncipe Lichnowsky, que, o bien ha calculado mal sus gastos de viaje, o ha querido cobrarle a Mozart el suyo a costa de los regalos recibidos; así que, en la última carta que escribe a su mujer, le anuncia que deberá alegrarse más por su vuelta que por el dinero que lleva a casa.

Y bien que lo hubiese necesitado, porque con los apuros crecen los gastos, y Constanza debe echar un remiendo a su salud en el balneario de Baden. Mientras, sigue pidiendo dinero a Puchberg hasta el cansancio, al tiempo que él mismo acude en ayuda de su amigo el clarinetista A. Stadler, a quien, además de regalarle ese tesoro melódico que es el *Quinteto para clarinete* (K 581), le presta una cantidad considerable de dinero.

Con su amigo Puchberg, al menos en el terreno musical, no fue menos generoso, porque para él compuso el *Trío para violín, viola y violonchelo* (K 563), que a pesar de titularse «*divertimento*» y tener seis movimientos, es una auténtica obra de cámara a la que dedicó la más cuidadosa elaboración.

Parece que fue la afortunada reposición de «*Las bodas*» lo que animó al emperador a encargar a Mozart una nueva ópera. El encargo, y las intrigas de Salieri para hacer cambiar de idea al emperador y componerla él mismo, son las únicas cosas que conocemos con certeza.

En *Così fan tutte,* Da Ponte, de nuevo colaborador de Mozart, fue mucho más libre, porque no partió de una obra teatral, sino de algo que, al parecer, había ocurrido en la esfera de la alta sociedad vienesa. Instigados por un solterón, dos jóvenes deciden probar la fidelidad de sus prometidas, disfrazándose y cambiando de pareja. En el espacio de un día y al precio de una apuesta se prueba la inconstancia de las jóvenes.

Si se trataba de entretener al emperador, enfermo ya, con una ópera bufa, aquí hay, desde luego, algunas apariencias del teatro a la moda; los dos jóvenes se presentan disfrazados con exóticos trajes orientales, la criada de las novias se viste de médico y de notario, es decir, encarna los dos viejos de la *commedia dell'arte* que aparecen en todas las óperas bufas, además de hacer su propio oficio de *soubrette* avispada, y por fin hay una boda interrumpida y recompuesta para que todo acabe como es debido.

Ahí terminan las coincidencias con el teatro al uso. La trama es de una simplicidad manifiesta, frente a la abundancia de peripecias del teatro bufo, y es además de una simetría calculada. Las seis figuras que aparecen en escena como en el copete de un reloj de consola, se entrelazan en un juego continuo de combinaciones que debió divertir a Mozart, tan aficionado a los juegos matemáticos. Para empezar, las jóvenes son hermanas, ellas con la criada Despina y los galanes con su amigo Don Alfonso representan las posiciones iniciales, y Don Alfonso y Despina los pares «nones»: «A una chiquilla, un viejo como vos no le sirve para nada».

El *Così* es una ópera de conjuntos, y eso hace que formalmente se distancie aún más que *Las bodas* de la ópera bufa. Pero no es eso sólo, todo el ir y venir del teatro cómico italiano, el *«imbroglio»,* parodia de los afanes humanos, y todas sus figuras haciendo aspavientos y sintiendo muy poco de esos afanes, se transforman en el *Così* en todo lo contrario: sobre una trama tan escueta y artificial, tan teatral, que no nos permite reconocer en ella acciones auténticamente humanas, escuchamos con sorpresa los latidos que la música pone en el interior de aquellas figuras, sinceras incluso cuando, como en el quinteto de la despedida, se mezclan las auténticas lágrimas de Dorabella y Fiordiligi, el cinismo de Don Alfonso y los adioses de los galanes, falsos sólo en parte, porque no es la guerra ni la ausencia lo que los separa, sino algo aún más peligroso. Aunque no quisiéramos dejarnos convencer por una historia que parece hecha para acompañarnos tan sólo el tiempo que dura la representación, nada menos que probar la lealtad o la fragilidad de las mujeres en el tiempo que marca apenas el vuelco de un reloj de arena, debemos contar con que Mozart solía proponerse tareas aún más difíciles, como dibujar el retrato de una joven en un movimiento de sonata, y no iba a dejar pasar la ocasión, en un escenario, de crear figuras vivas.

El siglo pasado no supo comprender esta obra, los que no ríen nunca esgrimían argumentos éticos, en el colmo de lo absurdo se intentó «dignificar» la música de Mozart trasvasándola a la acción de *La dama duende* de Calderón. Los juicios de Beethoven y de Wagner nos hacen sonreír, ahora sabemos que el mal genio no es el genio, cierto que influyeron en que *Così fan tutte* fuera comprendida mucho más tarde que las otras óperas mozartianas, pero de eso sólo queda ya el recuerdo.

El 26 de enero de 1790 se produjo su estreno en el teatro de la corte con un éxito moderado; no hubiese sido posible en ningún caso mejor suerte para la ópera, porque el 20 de febrero murió el emperador José II y se cerraron todos los teatros de Viena.

Al llegar al trono Leopoldo II se mueven algunas cosas en el ámbito musical de la corte: Da Ponte es despedido y Salieri se retira de su cargo de director de la ópera. El puesto que ocupa Mozart no peligra, precisamente por su insignificancia, pero sus pretensiones de ascender al de segundo director de orquesta, ni siquiera merecen una respuesta del emperador.

Mozart sólo conserva dos discípulos, y ante las reiteradas peticiones de préstamo, su amigo Puchberg le recomienda hacer todo lo posible por conseguir más lecciones. El 16 de noviembre del año anterior, antes de empezar a componer *Così,* había muerto, una hora después de nacer, Ana María, su sexto hijo, y los quebrantos de salud de Constanza acaban tarde o temprano en Baden con el consiguiente gasto.

Este año de 1790, de otro lado, es particularmente estéril en la creatividad mozartiana; desde finales de enero en que termina su ópera, hasta diciembre, escribe muy pocas obras. Tenía ya escrito el primer cuarteto de cuerda de la serie de seis encargada por Federico Guillermo II de Prusia, el cuarteto en Re mayor (K 575), y, ahora, en la primavera, termina otros dos (K 589 y K 590), después de los cuales ya no compondrá ninguno más. En los «cuartetos prusianos» Mozart, además de dar protagonismo al violonchelo, es decir, la parte que tocaría el rey, tuvo también en cuenta al destinatario para contener sus propias emociones y concluir su producción cuartetística con la serenidad que no tenía su vida en aquella época tan adversa. Entre los seis cuartetos dedicados a Haydn y estos tres últimos, hay un cuarteto solitario (K 499) dedicado al editor Hoffmeister, en el que la crítica ve el anticipo de las voces más íntimas de Schubert.

En el verano Constanza se encuentra en Baden de nuevo; los médicos han prescrito sesenta baños, incluso tendrá que volver en otoño. Mozart la acompaña «por razones de economía» y va a Viena sólo «cuando es absolutamente imprescindible»; y sin embargo, a pesar de la importancia que concede a la salud de su mujer y de todos los cuidados que le dedica, probablemente él esté mucho más enfermo. En abril no puede ir a casa del conde Hadick donde se tocaría su quinteto para clarinete, porque tiene «la cabeza totalmente vendada a causa de unos dolores reumáticos», y al mes siguiente vuelve a quejarse de dolores de cabeza y de muelas, reconociendo además que los disgustos y preocupaciones hacen más difícil su recuperación física.

La coronación de Leopoldo II se está preparando en Frankfurt para el mes de octubre, y Mozart no ha sido invitado a viajar con los músicos de la corte que, bajo la dirección de Salieri, tomarán parte en la celebración. Decide, no obstante, ir por su cuenta y se costea el viaje vendiendo los últimos objetos de plata que le quedan. El cambio supone un pequeño estímulo para sus menguados ánimos, y hasta consigue algunos conciertos como el que dio en el Teatro Municipal de Frankfurt el 15 de octubre con un larguísimo programa en el que figura, junto con alguna de las últimas sinfonías, el concierto para piano de la Coronación (K 537), escrito en febrero de 1788, concierto brillante y sencillo, del que la parte solista está sólo esbozada, lo que necesitaba Mozart como recordatorio para su propia ejecución.

Si había esperado acercarse al nuevo emperador en Frankfurt, el desengaño es completo. Al llegar a Viena, sin embargo, se encuentra de nuevo con Haydn y, para colmo, el empresario Salomon viene de Londres con el propósito de contratar a Haydn y a Mozart para que actúen en Inglaterra.

Se reúnen los tres y deciden que irá primero Haydn y al año siguiente Mozart. Haydn ha vivido siempre retirado, al servicio de un solo señor, su amigo le gasta bromas sobre su edad, su falta de mundo y su desconocimiento del inglés; por fin se despiden convencidos de que no se volverán a ver, después de todo, «papá Haydn» ha cumplido cincuenta y ocho años y se embarca en una aventura que, a juicio de quien es más joven y tiene más costumbre de viajar, no deja de tener sus riesgos.

La primera obra terminada en este que va a ser su último año de vida, es precisamente un concierto de piano, el que cierra una de sus colecciones más logradas y que más satisfacciones le dio. El concierto n.º 27 en Si bemol mayor (K 595), aunque esbozado probablemente en 1788, se concluye el 5 de enero de 1791 y lo toca Mozart en su última aparición como concertista ante el público de Viena, en un concierto benéfico el 4 de marzo. Es de una gran espiritualidad, como todas las obras grandes de Mozart, entre las que sin duda se encuentra, y termina en un alegre Rondó cuyo tema empleará luego en una canción: «Nostalgia de la primavera».

A primeros de mayo dirige una carta al concejo de la ciudad de Viena, solicitando el puesto de adjunto al maestro de capilla de la catedral de San Esteban, sin remuneración, para ayudar al titular, un hombre honrado de avanzada edad, en sus funciones. El concejo accede a tan desprendido ofrecimiento, y promete la titularidad a la muerte del probo señor Hofmann, muerte que, sin embargo,se produce casi dos años más tarde que la de Mozart.

Constanza, que está de nuevo embarazada, vuelve en junio a Baden con su hijo Carl. Mozart, en sus cartas, entre bromas y veras, le recomienda que tenga mucho cuidado de no caerse en el baño y le habla de su soledad y de su estado de ánimo: «Siento una especie de vacío que me hace daño...; ni siquiera el trabajo me alegra, acostumbrado como estoy a interrumpirlo para hablar contigo un poco... Me acerco al piano y canto algo, pero tengo que dejarlo enseguida porque me impresiona demasiado.»

Esa música que tanto le impresiona es la de *La flauta mágica*. Como ha despedido a toda la servidumbre, le pesa su soledad desordenada y se escapa a Baden siempre que puede. Allí, el 17 de junio, compone el motete *Ave verum* (K 618), la más breve e intensa expresión de religiosidad que imaginó nunca.

El día 11 de julio regresan todos a Viena porque se acerca el parto de Constanza, que efectivamente da a luz el 26 de ese mes. Francisco Javier Wolfgang, nacido cinco meses antes de la muerte de Mozart, junto con Carl, que tiene ya siete años, serán los únicos hijos que sobrevivan a sus padres.

Apenas llegados a Viena va a recibir Mozart dos encargos casi simultáneos. Un desconocido se presenta en su casa con una carta sin firma, llena de elogios, en la que se le ofrece la composición de un Réquiem. Mozart acepta sin comprometerse a acabar la obra en un plazo fijo y a los pocos días el mensajero vuelve con una suma de dinero como adelanto y le recomienda que no trate de averiguar nada sobre la persona que hace el encargo.

Está a punto de terminar *La flauta mágica* y, de momento, no se ha puesto a escribir una sola nota del Réquiem, cuando recibe el encargo de componer una ópera que se estrenará en Praga con motivo de la coronación de Leopoldo II como rey de Bohemia, que tendrá lugar el 6 de septiembre. Se trata de *La clemencia de Tito,* sobre una obra de Metastasio refundida por el poeta de la corte de Sajonia, Mazzolá.

Se dijo que la ópera de la Coronación la compuso en dieciocho días; si fue algo más, desde luego, no le sobró mucho tiempo, y hubo de confiar los recitativos *a secco* a su discípulo Süssmayr.

En principio no se había pensado en Mozart para este estreno, y resulta paradójico que sea el músico que ha revolucionado la ópera bufa y que acaba de crear la ópera alemana, el que deba desempolvar ahora la «ópera seria», un género arcaico y que apenas aparecía en los escenaprios de Viena.

Al emperador y, sobre todo, a la emperatriz, sí les gustaba esta clase de espectáculo, y el asunto, muy conocido por haber sido usado por otros músicos, era además adecuado a la solemnidad de la coronación, al presentar a un emperador indulgente ante una conspiración contra su autoridad.

Cuando a finales de agosto, Mozart, con Constanza y Süssmayr, iba a subir al coche para emprender el viaje a Praga, apareció de nuevo el mensajero del Réquiem y el cansado músico, después de una disculpa, tuvo que prometer dedicarse a su vuelta a trabajar en el encargo.

Salieri había llegado a Praga con veinte músicos de la corte y varias partituras de Mozart en su equipaje. En la ceremonia de la coronación en la catedral de San Vito, dirigió una de las tres misas que llevaba además de un motete.

Aquella noche en el Teatro Nacional se estrenó *La clemencia de Tito*. Lo más seguro es que Mozart, que se había sentido indispuesto en los días anteriores, no dirigiera el estreno de su ópera, que fue acogida con bastante frialdad. Sólo en los días que siguieron creció un tanto el entusiasmo del público.

No debemos pensar, sin embargo, que Mozart se sometió sin más a esa forma teatral ya agotada que hace avanzar la acción penosamente, un aria tras otra, con la separación de los recitativos *seccos*. Sin duda fue él quien impuso a su libretista Mazzolá algunas transformaciones. La tradicional división en tres actos es eliminada, adoptándose la estructura binaria de la ópera bufa, se hacen grandes cortes a la obra de Metastasio y se rompe su monotonía con la inserción de conjuntos entre los que sobresale un quinteto con coro de extraño brío y pesimismo que sirve de *finale* al primer acto.

Las figuras del poeta italiano, de túnicas y armaduras, representan virtudes y pasiones, las que necesita el conflicto, sin llegar nunca a tener rostros humanos, lo que obliga a Mozart a interiorizar su música en un proceso distinto de caracterización. Según Robbins Landon, *Tito* contiene al menos una hora de la mejor música compuesta por Mozart; falta decir de su mejor música teatral, aunque debió suponer un esfuerzo muy grande para él en aquel momento, estando como estaba obsesionado con un teatro tan diferente.

Da Ponte había sido despedido del servicio de la corte, como sabemos, y propone a Mozart un viaje a Londres para continuar allí su colaboración. No era fácil que al músico pudiera interesarle este plan, teniendo la posibilidad de ir al año siguiente con el empresario Salomon; además, su amigo Schikaneder, al que había conocido en Salzburgo, llevaba dos años en Viena actuando con su compañía en un teatro de los suburbios y ya estaban trabajando en una ópera alemana.

Al volver de Praga a mediados de septiembre, sólo tuvo que componer dos números para completar *La flauta mágica*; la marcha de los sacerdotes y la obertura.

Schikaneder sabía muy bien lo que necesitaba para su teatro, y seguramente la idea de hacer una comedia de magia cargada de efectos teatrales partiera de él. La discusión en torno a si hay o no más de una mano en el extraño libreto de *La flauta mágica*, quizá no termine nunca, en cambio existe mayor acuerdo en cuanto a sus antecedentes. El primero es la ópera *Oberón* de Wranizky, que Mozart tuvo la ocasión de ver en Frankfurt, porque fue la ópera de la Coronación, y el otro es el cuento *Lulú o la flauta mágica*, de la colección de cuentos de hadas Dschinnistan del dramaturgo Wieland.

Todas las historias de magia, para adentrarse en el reino de lo irreal, llevan al espectador por los caminos más oscuros y desconocidos, y eso es lo que hacen Mozart y Schikaneder, ambos hermanos masones, utilizando el ceremonial secreto de la hermandad como pura tramoya teatral, haciendo que sus símbolos, encarnados en los personajes, alteren el comportamiento de éstos, o su apariencia; como esa reina de las estrellas que empieza como madre dolorida para acabar representando los poderes de las tinieblas, a cambio de que Sarastro, acusado de perverso raptor, sea en realidad el sumo sacerdote del templo de la sabiduría; y, por fin, lanzando toda una retahíla de bellas palabras, muy claras para todos, transformadas, sin embargo, por arte de magia, en una nueva jerga que representa ni más ni menos que los ideales de la secta: Sabiduría-Razón-Virtud-Amistad-Amor...

A esto añade Schikaneder, para que sus espectadores del suburbio vienés vean a lo lejos la salida del laberinto, unas pinceladas de la comedia popular que habla su propio dialecto. Pero ni Mozart ni Schikaneder estaban haciendo un ejercicio de esoterismo; cuando el Sprecher castiga a Papageno a no conocer «los placeres celestiales de los Iniciados», al alegre cazador de pájaros no parece darle ni frío ni calor y contesta: «Bueno, hay otras personas como yo».

Para todas esas personas, las que ni siquiera hacen intención de entrar ni salir en la simbología de los números, a la que se ha dado muchas veces excesiva importancia, para los que no hablan ni entienden el dialecto vienés, está escrita *La flauta mágica*. Después de todo, en los cuentos el rey siempre viene a tener tres hijas, incluso el rey Lear las tuvo, para ponernos ahora a darle tantas vueltas al número tres; y ni con los habitantes de todos los barrios de Viena hubiese conseguido esta ópera ser una de las más universales de todos los tiempos.

En la partitura hay un misterio mayor, porque

de elementos dispares: melodías de corte popular, coloraturas procedentes de la ópera seria, escenas cómicas y hasta un coral luterano, surge la milagrosa unidad de la obra maestra que contiene la belleza más accesible y la más reservada, la alegre vitalidad de Papageno y el profundo misticismo de la música del templo que abre de par en par las puertas de la ópera alemana.

Mozart dirigió la noche del estreno, el 30 de septiembre de 1791, y la segunda función. El éxito se produjo en las siguientes representaciones y fue tan grande que Schikaneder llegó a hacerla doscientas veces en tres años.

Constanza vuelve a Baden y Mozart, después de componer otra obra para su amigo Stadler, el prodigioso *Concierto para clarinete y orquesta* (K 622), se pone, por fin, a escribir el Réquiem.

Sin duda está agotado, ha compuesto dos óperas, ha tenido dos estrenos en menos de un mes, con un viaje entremedias, pero está disfrutando de su éxito teatral más grande, y en estos días de octubre paladea la vida y todo tiene para él buen sabor, y todo, lo importante y lo menudo, se lo cuenta a Constanza; el placer de ver el teatro lleno todas las noches, el de hacer unas carambolas en su mesa de billar: «Inmediatamente después de que te marcharas jugué con el señor von Mozart, el que ha escrito la ópera con Schikaneder, dos partidas de billar»; y hasta el café negro que le sirve su criado y la «magnífica pipa de tabaco» que fuma.

De buena gana iría a Baden, pero allí no tiene ninguna comodidad para trabajar, y en casa le divierten incluso los inconvenientes de tenerse que arreglar solo: «Tendrías que haberme visto anoche cenando; no encontré el viejo mantel y saqué uno blanco como flores de nieve, y también puse el candelabro ante mí».

El jueves 13 de octubre ha invitado a la ópera a Salieri y va a recogerlo con un coche para llevarlo al teatro. Salieri se deshace en elogios, proporcionándole curiosamente, una de las mayores satisfacciones de este corto período de felicidad que está a punto de acabar.

Tres días después va a recoger a Constanza, y ya en Viena, a finales de octubre, en lo que en apariencia es un cambio de su estado de ánimo, asoman los primeros síntomas de su última enfermedad. Ha ido con Constanza al Prater y le habla con lágrimas en los ojos de su presentimiento de estar escribiendo el Réquiem para él mismo, de una extraña sensación de sentirse envenenado, de creer que ha sido envenenado.

El encargo del Réquiem estaba envuelto en un misterio que luego se ha podido desvelar. El conde von Walsegg tenía la vanidad de hacerse pasar por compositor, y para engañar a sus parientes, amigos y servidores, copiaba de su puño y letra todas las partituras que compraba para ser interpretadas por su propia orquesta en su castillo de Stuppach. El juego era siempre el mismo; ante los elogios, él sonreía y hacía profundas inclinaciones. En febrero había muerto su esposa con sólo veintiún años, y el Réquiem era el homenaje que el conde pensaba tributarle.

Parece probable que el mensajero apareciera de nuevo a la vuelta de Praga, en todo caso aquel misterio se había convertido ya en una obsesión para Mozart, y Constanza se decidió a retirarle la partitura durante unos días, hasta que se sintió más animado. En un mes dejó completo el Introito y esbozó el resto. Süssmayr, con las indicaciones y, a veces, con la desesperación del maestro, completó el trabajo como mejor supo.

El 20 de noviembre se mete en la cama; se le hinchan las extremidades, padece una inmovilidad casi total y vómitos repentinos. El diagnóstico es fiebre miliar aguda.

Con estos síntomas se han construido modernamente dos diagnósticos; según el primero, Mozart pudo morir de fiebre reumática originada en defectos de tipo coronario. La sangría practicada habría sido fatal. El otro diagnóstico es el de la insuficiencia renal.

Ni siquiera durante los quince últimos días abandona la música; lucha con la partitura que no será capaz de terminar, porque ya ni siquiera puede escribir, pero todas las noches, mirando el reloj, va imaginando la representación de *La flauta mágica* paso a paso, tal y como se representa por la compañía de Schikaneder.

Mozart murió en la madrugada del 5 de diciembre de 1791. El final, sin embargo, no queremos ponerlo en un entierro de pobre, ni en la fosa común del cementerio vienés de San Marcos, sino, volviendo atrás, en una carta en la que felicita a su padre en uno de sus cumpleaños: «Le deseo —dice— que pueda vivir tantos años como años se necesitan para no poder hacer ya nada nuevo en la música». Ése era su propio deseo inalcanzable, el ideal que nadie como él estuvo tan cerca de alcanzar.

Obras fundamentales

Obras escogidas según el catálogo de Ludwig von Köchel (la inicial de su apellido sustituye al tradicional *«opus»)*.

Serenatas: K 203; «Haffner» K 250; «Postillón» K 320.

Serenatas para instrumentos de viento: K 361; K 375; K 388.

Música religiosa: «Misa de la Coronación» K 317; Misa en Do menor K 427; Motete *«Ave verum»* K 618.

Sonatas de piano: Sonata en La menor K 310; Fantasía en do menor K 475; Sonata en Do menor K 457.

Sonatas para violín y piano: K 304.

Cuartetos de cuerda: Cuartetos dedicados a Haydn K 387, 421,428, 458, 464, 465.

Quintetos de cuerda: K 515, 516.

Otras obras de cámara: Trío K 563; Quinteto para piano e instrumentos de viento K 452, Quinteto de clarinete K 581.

Sinfonías: N.º 25 K 183; n.º 29 K 201; n.º 35 K 385; n.º 36 K 425; n.º 38 K 504; n.º 39 K 543; n.º 40 K 550; n.º 41 K 551.

Conciertos: Sinfonía concertante para violín y viola K 364; Concierto para clarinete K 622.

Conciertos para piano y orquesta: n.º 9 K 271; n.º 17 K 453; n.º 20 K 466; n.º 21 K 467; n.º 22 K 482; n.º 23 K 488; n.º 24 K 491; n.º 25 K 503; n.º 27 K 595.

Óperas: Idomeneo; El rapto del serrallo; Las bodas de Fígaro; Don Giovanni; Così fan tutte; La flauta mágica; La clemencia de Tito.

Cronología

1756 El 27 de enero nace en Salzburgo W. A. Mozart.
1761 Primeras composiciones: Minueto, Trío con piano.
1762 Gira artística de la familia Mozart: Múnich, Viena.
1763 Larga gira que acaba en París. El día de Nochebuena, Mozart toca en Versalles.
1764 Quince meses en Londres. Amistad con J. Ch. Bach.
1765 Seis meses en La Haya. Obras para piano. Sinfonías.
1766 De nuevo en París. Vuelta a Salzburgo.
1767 Viaje a Viena. Los dos hermanos enfermos de viruela.
1768 Estreno en Viena de *Bastien und Bastienne* K 50.
1769 Estreno de *La finta semplice* en Salzburgo.
1770 Primer viaje a Italia. Estreno en Milán de *Mitridate, re di Ponto*.

1771 Segundo viaje a Italia. *Ascanio in Alba.*
1772 Tercer viaje a Italia. *Lucio Silla.*
1773 En Viena es recibido por la emperatriz María Teresa.
1774 Sonatas de piano, Sinfonías, Misas. Viaje a Múnich.
1775 Estreno en Múnich de *La finta giardiniera.*
1776 Salzburgo. Serenatas, Divertimentos y Misas.
1777 Viaja con su madre. Augsburgo, conoce a su prima Bäsle. Mannheim, conoce a la familia Weber.
1778 París. Sinfonía n.º 31. El 3 de julio muere su madre.
1779 Salzburgo. Misa de la Coronación. Sinfonía concertante para violín y viola.
1780 Sinfonías y obras religiosas. Viaje a Múnich.
1780 Estreno en Múnich de *Idomeneo.* Viaje a Viena donde presenta su dimisión al arzobispo Colloredo para quedarse en esta ciudad definitivamente.
1782 Estreno de *El rapto del serrallo.* Se casa con Constanza Weber.
1783 Viaje a Salzburgo. Misa en Do menor. Sinfonía n.º 36 «Linz».
1784 Conciertos de abono. Nace su hijo Carlos.
1785 Su padre visita Viena. Conciertos de piano. Publica los cuartetos dedicados a Haydn.
1786 Estreno de *Las bodas de Fígaro.* Sinfonía «Praga».
1787 Dos viajes a Praga, en el segundo se estrena

Don Giovanni. Compositor de la Corte Real e Imperial.

1788 En el verano compone las tres últimas sinfonías. Problemas económicos.

1789 Viaje a Berlín. Quinteto de clarinete.

1790 Estreno de «Così fan tutte». Viaje a Frankfurt para la coronación de Leopoldo II.

1791 Nace su hijo Franz Xaver. Nuevo viaje a Praga; *La clemencia de Tito*. Estreno de *La flauta mágica*. Réquiem. Muere el 5 de diciembre.

Índice

Últimos títulos de la colección:

57. Ignacio Aldecoa: *El corazón y otros frutos amargos*
58. Eduardo Galeano: *Mujeres*
59. Dashiell Hammett: *Una mujer en la oscuridad*
60. José Deleito y Piñuela: *El desenfreno erótico*
61. Mariano José de Larra: *Artículos*
62. Ernesto Sábato: *El dragón y la princesa*
63. Anónimo: *La dama de Escalot*
64. César Vidal Manzanares: *Los manuscritos del mar Muerto*
65. Antonio Machado: *Antología poética*
66. Augusto Monterroso: *El eclipse y otros cuentos*
67. Franz Kafka: *En la colonia penitenciaria*
68. A. Rey / F. Sevilla: *Cervantes, vida y literatura*
69. Juan Perucho: *Las sombras del mundo (Cuentos)*
70. Rubén Darío: *Verónica y otros cuentos fantásticos*
71. R. L. Stevenson: *El diablo de la botella*
72. Sigmund Freud: *Los sueños*
73. Miguel de Unamuno: *San Manuel Bueno, mártir*
74. Roberto Arlt: *Noche terrible – Una tarde de domingo*
75. Anton Chejov: *La corista – El hombre enfundado – Enemigo – La señora del perrito*
76. Luis Carandell: *Madrid*
77. Manuel Vázquez Montalbán: *Cuarteto*
78. Leopoldo Lugones: *El vaso de alabastro y otros cuentos*
79. Hermann Hesse: *Alma infantil – Mes de julio*
80. Antonio Guzmán Guerra: *Dioses y héroes de la mitología griega*
81. Carlos Gómez Amat / Joaquín Turina Gómez: *Pequeña historia de la música*
82. Luis Carlos Gago: *Bach*
83. Rafael Pérez Sierra: *Mozart*
84. Ángel Carrascosa: *Beethoven*
85. Rafael Ortega: *Chopin*
86. Javier Alfaya: *Chaikovsky*
87. Domingo del Campo: *Dvorák*
88. José Luis García del Busto: *Falla*